特别致谢

本书是通过实地访谈江苏省15个蔬菜组织模式形成的案例报告。作者在这里要特别感谢接受访谈的15家单位。他们分别是南京市溧水区华成蔬菜合作社、徐州市贾汪区泰瑞农业科技有限公司、江苏杉荷园农业科技发展有限公司、灌云港丽农产品种植专业合作联社、昆山益群农产品有限公司、东海县北芹蔬菜专业合作社、灌云县乐农蔬菜种植专业合作社、常熟市横塘蔬菜专业合作社、无锡益家康生态农业有限公司、无锡市惠山区万寿河蔬菜专业合作社、江苏绿园食品有限公司、常州市国东家庭农场、江苏一号农场科技股份有限公司、江阴故乡情果业专业合作社以及淮安市清江浦区红椒产业相关经营主体等。由于受访谈时间、作者理论水平、认知能力以及其他客观条件的限制，在案例分析过程中对以上单位实际情况描述以及价值判断等可能会出现偏差甚至错误的地方，在此敬请各位合作社、家庭农场以及相关企业负责人谅解。此外，案例中所提及的政策建议等内容只代表作者的观点，也可能存在不妥之处。

本书获得国家自然科学基金青年基金项目“契约关系、技术信息干预与菜农设施蔬菜耕地质量保护行为研究”（编号：71803069）和“精准扶贫背景下合作社益贫作用与机制优化研究——基于成员异质性视角”（编号：71803070）的资助。

感谢江苏省农业科学院知识产权处对本书出版给予的大力支持；感谢江苏社会科学院农村发展研究所、南京农业大学经济管理学院、江苏省农业委员会产业化处、农村经济研究中心等单位专家对本书提出宝贵修改意见。

江苏省蔬菜产业组织模式案例研究报告

◎ 沈贵银　王伟明　郑微微　廖小静　郑子松　韦金河　著

中国农业科学技术出版社

图书在版编目（CIP）数据

江苏省蔬菜产业组织模式案例研究报告 / 沈贵银等著．—北京：中国农业科学技术出版社，2018.12

ISBN 978-7-5116-3838-0

Ⅰ.①江… Ⅱ.①沈… Ⅲ.①蔬菜产业-产业组织-案例-研究报告-江苏 Ⅳ.①F326.13

中国版本图书馆 CIP 数据核字（2018）第 190672 号

责任编辑 李冠桥
责任校对 贾海霞

出 版 者 中国农业科学技术出版社
北京市中关村南大街 12 号 邮编：100081
电　　话 (010)82109705(编辑室) (010)82109702(发行部)
(010)82109709(读者服务部)
传　　真 (010)82106625
网　　址 http://www.castp.cn
经 销 者 各地新华书店
印 刷 者 北京富泰印刷有限责任公司
开　　本 710mm×1 000mm 1/16
印　　张 6.75
字　　数 118 千字
版　　次 2018 年 12 月第 1 版 2018 年 12 月第 1 次印刷
定　　价 40.00 元

序

民谚云："三天不吃青，两眼冒金星"。蔬菜是城乡居民日常生活中的必需品，同时也是促进农民就业增收的重要产业，在江苏省现代农业产业发展中居于极为重要地位。近年来，江苏省蔬菜产业快速发展，2017 年蔬菜播种面积 2 119.35万亩，产量 5 541万吨。2008—2015 年蔬菜产值由 662.94 亿元增长到 1 691.44亿元，占种植业产值的比例由 37.95%上升到 45.44%。人均播种面积、人均蔬菜占有量均超过全国平均水平。来自蔬菜产业的收入占到全省农民人均纯收入 1/7，产业发展有力促进了农民就业增收。

随着城乡人民生活水平提高与消费结构转型升级，对蔬菜生产的花式品种、质量安全、价格以及购买的便利性等提出了新需求。但目前江苏省蔬菜生产存在一些问题。一是蔬菜供需的结构性矛盾。在蔬菜供需总体平衡甚至供过于求的情况下，区域性、结构性与季节性供需失衡问题日益突出，由此也导致蔬菜价格波动剧烈，消费者与生产者的福利损失。二是传统种植方式与千家万户、高度分散的经营方式在江苏省蔬菜生产中仍占较大比例。虽然近年来合作社、农业龙头企业、种植大户等各类新型蔬菜产业经营主体蓬勃发展，但据统计仍有 60%左右的蔬菜种植户的种植规模低于 5 亩，蔬菜生产标准化程度低、质量安全难以控制，成为构建优质化、绿色化蔬菜生产体系的重要障碍。三是蔬菜产业劳动密集程度高，机械化程度低。劳动力价格上升及综合机械化率低致使蔬菜生产成本剧增，推动蔬菜生产省力化与机械化成为迫切需要解决的问题。四是蔬菜产业全国性大生产、大流通基本格局推动了不同类型的蔬菜流通模式快速发展，但传统的蔬菜流通渠道、产销脱节的市场行为仍占主体。流通环节过多、损耗大，冷链运输体系建设滞后、生鲜电商发展困难等问题仍比较突出。五是蔬菜产业科技供给不足，科技成果推广转化应用渠道不畅。基础研究、应用基础研究滞后致使科技创新能力不强，特别是蔬菜种业创新能力有待加强，设施工程技术研究不够，标准化模式尚需完善优化。

加快现代蔬菜产业转型升级，满足城乡居民消费需求多样化的要求，一是要根据江苏省农业生态条件与资源禀赋状况以及不同区域城乡居民消费特点，进一步优化蔬菜布局，如苏北沿陇海线冬春设施蔬菜产区、沿海塑料大棚春提早蔬菜优势产区、南京周边叶菜类优势区、苏南环大中城市精细蔬菜生产区、里下河地区水生蔬菜优势区以及南通地区四青蔬菜区等。二是要不断推进蔬菜生产经营方式创新，对蔬菜规模化生产经营，要大力培育新型蔬菜产业组织与经营主体，拓展延伸产业链条，推进纵向一体化，完善产销一体、产销结合蔬菜流通模式；对小规模、分散化蔬菜生产要通过横向一体化，提供专业化服务，如种苗专业化、技术服务专业化（如机械移栽、植保服务、产品营销服务等），推动蔬菜小规模生产的标准化与优质化。三是探索发展“互联网+”定制农业、订单生产等流通营销新业态，加快蔬菜冷链运输体系建设。四是不断完善蔬菜产业利益链接机制，通过不同主体的相互融合，依靠新型经营主体的带动促进小农户就业增收。五是加大科技创新与成果转化应用，加快蔬菜种业、机械、栽培管理、产后保鲜、产品标准等全产业链技术集成创新，探索形成科研单位+新型经营主体+小农户的科技成果转化应用新路径。

本书是江苏省农业科学院农业经济与发展研究所与蔬菜研究所联合组织的蔬菜产业组织模式典型案例调研形成的报告。所有素材都来自于第一手访谈。通过案例研究对当前江苏省蔬菜产业组织模式进行总结与探索，并提出相应政策建议，对江苏省蔬菜产业发展特别是新型经营主体培育、运营管理以及如何对接科技与市场有一定的借鉴意义。案例研究是经济学研究中常用方法，写好案例不容易。案例研究中对于运行机制的分析更多来自于文献学习与理解基础上的领悟与总结，而模式创新则更多来自于实践，两者有机结合，有助于从典型案例分析中抽象出一般的结论，并辅之以相应的政策含义，值得在今后的研究工作中引起重视。

江苏省农业科学院

院长　易中懿

目　　录

绪论　当前江苏省蔬菜产业组织模式发展情况、存在问题与建议 …………（1）

一、当前江苏蔬菜产业组织模式的主要特点 …………（1）

二、蔬菜产业组织模式发展过程中值得关注的几个问题 …………（4）

三、有关建议 …………（5）

第一章　专业化分工、纵向协作与合作社利益分配

——以南京市溧水区华成蔬菜合作社为例 …………（7）

第一节　合作社的组织结构与特征 …………（7）

第二节　合作社运行机制分析 …………（9）

第三节　合作社的竞争优势 …………（16）

第四节　讨论与启示 …………（17）

第二章　推进农业科技成果转化与应用的有效路径探索

——以徐州市贾汪区泰瑞农业科技有限公司为例 …………（20）

第一节　科技创新与成果转化的相关主体 …………（20）

第二节　科技创新与成果转化的实施路径与保障机制 …………（22）

第三节　结论与启示 …………（25）

第三章　社会资本参与农业农村发展的路径探索

——以江苏杉荷园农业科技发展有限公司为例 …………（27）

第一节　公司及合作社基本情况 …………（27）

第二节　运营模式分析 …………（28）

第三节　社会资本进入农业需要关注的几个问题 …………（31）

第四节　引导社会资本进入农业农村领域的政策措施 …………（32）

第四章　销售渠道导向、规模经济与组织模式创新的差异化

——基于灌云港丽农产品种植专业合作联社和昆山益群农产品有限公司的比较 …………（34）

第一节　蔬菜产业组织的基本特征 …………（34）

第二节　蔬菜产业组织的生产和销售模式对比 …………（35）

第三节　蔬菜产业组织发展模式差异的原因分析 …………（37）

第四节　讨论与启示 …………………………………………………………… (40)
第五章　蔬菜合作社产地市场培育与驱动机制研究
——基于东海县北芹蔬菜专业合作社与灌云县乐农蔬菜种植专业合作社的分析 ………………………………………………… (42)
第一节　合作社基本特征与运营模式 ………………………………………… (42)
第二节　合作社产地市场培育的效用评价 …………………………………… (47)
第三节　合作社产地市场培育驱动机制 ……………………………………… (48)
第四节　启示与借鉴 …………………………………………………………… (49)
第六章　基层政府领办合作社中的多重委托代理关系
——以常熟市横塘蔬菜专业合作社为例 ……………………………… (50)
第一节　合作社基本特征 ……………………………………………………… (51)
第二节　合作社中的多重委托代理关系 ……………………………………… (51)
第三节　委托代理关系下合作社的运营、治理和绩效 ……………………… (53)
第四节　委托代理关系下合作社可持续发展的潜在风险 …………………… (55)
第五节　结论与建议 …………………………………………………………… (56)
第七章　城郊型蔬菜产业“地产地销”发展模式探析
——以无锡益家康生态农业有限公司为例 …………………………… (58)
第一节　公司基本情况 ………………………………………………………… (59)
第二节　“地产地销”蔬菜流通模式 ………………………………………… (59)
第三节　城郊型“地产地销”蔬菜流通模式的发展条件 …………………… (63)
第四节　苏南“地产地销”蔬菜流通模式中值得改进之处 ………………… (63)
第五节　城郊型农业发展“地产地销”蔬菜流通模式的对策建议 ………… (64)
第八章　城郊型蔬菜绿色供应链运作模式探讨
——基于无锡市惠山区万寿河蔬菜专业合作社“农超对接”模式分析 …………………………………………………………… (66)
第一节　万寿河蔬菜专业合作社基本情况及运营模式 ……………………… (67)
第二节　“农超对接”模式对城郊型蔬菜绿色供应链构建的作用 ………… (68)
第三节　城郊型蔬菜“农超对接”模式发展需要注意的问题 ……………… (70)
第四节　启示 …………………………………………………………………… (71)
第九章　区域性农产品市场的 SCP 范式分析
——以淮安市清江浦区红椒产业为例 ………………………………… (73)
第一节　淮安市清江浦区红椒产品特性与生产特点 ………………………… (73)

第二节　淮安市清江浦区红椒产业的市场结构—市场行为—市场绩效分析 ………………………………………………… (74)
第三节　区域性农产品市场运行的保障机制 ………………… (79)
第四节　简要讨论 ………………………………………………… (79)
第十章　市场导向的蔬菜专业化生产模式
——以江苏绿园食品有限公司为例 ……………………… (81)
第一节　公司基本情况 …………………………………………… (81)
第二节　市场导向下蔬菜专业化生产的运行模式 ………… (82)
第三节　市场导向的蔬菜专业化生产模式绩效 …………… (85)
第四节　结论与启示 ……………………………………………… (86)
第十一章　休闲农业产业融合发展路径探析
——以常州市国东家庭农场与江苏一号农场科技股份有限公司为例 ………………………………………………… (87)
第一节　农场基本情况 …………………………………………… (87)
第二节　农场休闲农业发展路径分析 ……………………… (89)
第三节　休闲农业产业融合发展需要关注的几点问题 …… (91)
第十二章　人力资本优化、企业化管理与合作社的规范发展
——以江阴故乡情果业专业合作社为例 ………………… (94)
第一节　合作社基本情况 ………………………………………… (94)
第二节　人力资本、企业化管理与规范化发展 …………… (95)
第三节　讨论与启示 ……………………………………………… (97)

绪论

当前江苏省蔬菜产业组织模式发展情况、存在问题与建议

蔬菜产业是江苏省农业农村经济的主导产业之一，占江苏省农业总产值的比重达到18%以上，成为仅次于粮食的第二大作物。蔬菜产业属于劳动密集型产业，生产经营主体主要包括家庭农户、种植大户、农民合作社，农业产业化企业等分散化和规模化生产经营主体，以及各种经营主体之间相互嵌入形成的联合体等，由此也决定了蔬菜产业组织模式的多样性与复杂性。本报告调研了江苏省15家规模化蔬菜产业组织，其中包括6家农民专业合作社、6家农业企业、1家合作联社、1个家庭农场和1个区域性农产品市场。报告总结了蔬菜产业组织成功经验，探讨存在的问题，并对蔬菜产业组织模式的发育与完善，推动蔬菜产业可持续发展、保障江苏省菜篮子产品有效供给等提出了相关建议。

一、当前江苏蔬菜产业组织模式的主要特点

产业组织模式既表现在不同生产经营主体间的相互竞争关系与垄断关系，也表现为分工与合作的关系。当前江苏蔬菜产业组织模式主要有以下特点。

（1）规模化的蔬菜生产经营主体虽然多样，但通常表现为不同主体间的相互嵌入，从而形成不同类型的产业组织模式。其中常见的是企业与合作社的相互嵌入。由于合作社很难与企业一样独立成为市场交易主体，因此这些产业组织更多表现为合作社与企业相链接的多种混合形式。或是先有企业，再领办合作社，或是成立合作社后，又紧接着成立相应企业，其中还有先是合作社，再成立自己的家庭农场。如成立于2009年的南京市溧水区华成蔬菜合作社在2013年又成立了南京荟萃农业发展有限公司；成立于2008年于东海县北芹蔬菜专业合作社，随着合作社规模扩大，为满足合作社成员对蔬菜种苗的需求，也于2017年成立蔬菜种苗公司，其中合作社占股份30%，合作社理事长个人占股70%。而昆山市益群农产品有限公司前身是公司创办人创办的副食品综合经营部，公司成立后又先后成立益杨果蔬合作社与益谊现代农业科技有限公司。调研中发现这样的制度安排原因极其复杂。这些企业的成立，主要是服务合作社产品与投入品销售需

要，同时把合作社作为生产基地。通过合作社与企业的双向努力，既有助于降低企业的交易成本，又可以有效规避市场风险，保证合作社社员的权益。

（2）不同类型的产业组织模式显现出更加突出的生产专业性与市场适应性。通过产业组织模式相互连接，实现纵向一体化，生产专业化，生产与销售联结紧密，更加有效对接市场，实现市场导向的生产。如溧水区华成蔬菜合作社构建基于专业化分工的产前育苗单元，产中蔬菜生产单元，以及产后负责包装的销售单元。同时又通过例会制度、轮作制度、风险金制度等安排实现了产前（育苗、生产资料购买环节）、产中（田间管理环节）以及产后（销售环节）的纵向协作。这种既有专业分工，又相互协作的关系，不仅形成了每个环节的规模效应，达到降低生产成本与管理成本等，实现规模效益的目的。同时也使产前、产中与产后各环节有机联结，有效提升了合作社的经营管理水平，为实现蔬菜产业的规模化、标准化生产与形成完善的营销渠道奠定了基础。

（3）各类蔬菜产业组织模式根据产品、区域等特点探索形成多种销售方式，在促进小农户与大市场的有机衔接、增加农民收入等方面发挥了重要作用。从目前蔬菜等农产品销售主要方式并结合调研样本分析情况看，规模化的蔬菜销售主要有以下途径：一是“地产地销”。这种销售方式主要存在于大中城市近郊的蔬菜产业组织模式，“就近生产就近销售”，以生产地产蔬菜为主，面向当地农产品批发市场销售，如无锡益家康生态农业有限公司。二是自建产地批发市场销售。这种销售方式一般较多出现在大规模的蔬菜生产基地，种植的蔬菜品种相对单一，且离销地市场比较远。由合作社或公司出面在当地政府支持下建设产地批发市场，附近合作社或小农户将蔬菜运至批发市场，与外地来的客商进行交易，然后由外地客商再运至相应的批发市场。如东海县北芹蔬菜专业合作社主要以西红柿与西葫芦轮作为主，生产规模达到 1 500个大棚（占地 5 000亩，1 亩约为 667 平方米），如此单一品种的蔬菜生产必须要有相应产地批发市场支撑。为此合作社先后出资建设占地面积 15 000平方米的蔬菜交易市场，逐步发展成为区域性的重要西红柿与西葫芦交易市场，日交易量达到 5 万千克，吸引了浙江、安徽、山东、河北、天津、黑龙江等多个省份的蔬菜经销商。三是依托经纪人销售。如淮安红椒产业市场流通基本上都离不开经纪人的作用，该地区已经形成“不同生产主体+经纪人+批发市场”的红椒销售模式。经纪人在与不同生产主体交易过程中，凭借信息优势，控制着红椒交易量与交易价格。四是通过农超对接、农校对接（包括与机关等集团消费对接等）等方式销售。如灌云县港丽农产品种植专业合作联社、昆山市益群农产品有限公司以及常熟市横塘蔬菜专业合作社等均采用这种模式。这种模式通过市场竞争，激励蔬菜种植户严格按照蔬菜

生产技术规程进行生产，在降低种植户营销成本同时，以品牌品质优势提高蔬菜的市场竞价水平，为合作社种植户争取更多的市场利润。既解决了蔬菜产品销路问题，又显著增加合作社社员收入。五是电商销售模式。一些蔬菜产业组织通过大型电商平台如京东、淘宝、顺丰优选等开展生鲜蔬菜销售，也有一些企业或合作社则通过自建设网络销售平台，基于“O2O”和会员制等方式进行销售。

（4）不同产业组织模式的耦合，整合了各类科技资金资源，促进了新技术、新品种的应用与推广，降低了农户使用新技术带来的生产与市场风险，有效解决了农户使用新技术激励不足的问题。如在徐州贾汪江苏泰瑞农业科技有限公司的案例中，公司与中国农业科学院、南京农业大学以及江苏省农业科学院等高校科研机构建立了长期合作关系，为农业科技创新与应用、农民创新创业提供了强有力科技支撑。公司自身建立的研发中心专家团队达 20 余人，汇集了技术、产品开发与产品营销等各方面专业人才。公司成立以来，累计推广新品种 20 余个，新技术 30 余项，获得国家新型实用专利 3 项。依托公司成立江苏省农村科技服务超市以及 5 家便利店，开展面向本地农户的新技术、新品种推广；由公司主导成立的康田农民合作社，核心业务是果蔬育苗，并承担了江苏省“三新工程”项目，向合作社及周边农户进行新品种示范与栽培技术推广等。此外，公司还主导成立徐州市贾汪区设施果蔬星创天地，组建创新工作室与科技特派员创业指导基地，为新型职业农民创新创业提供场所。该公司目前已经形成科技创新与成果转化若干条实施路径：一是泰瑞农业科技有限公司——科技服务超市分店——各镇果蔬种植户与家庭农场；二是泰瑞农业科技有限公司——星创天地——园区内的种植大户、新型职业农民及创客等；三是泰瑞农业科技有限公司——康田合作社——合作社成员及周边果蔬种植户等。

（5）一些蔬菜产业组织模式通过整体管理、技术、标准、品牌等方面输出，扩大生产经营规模，实现全产业链生产标准化，有效解决农产品质量安全等问题。如江苏绿园食品有限公司作为一家规模较大的，集产品研发、基地生产和加工、流通等于一身的农业企业，通过与科研单位合作形成较强的新品种与新技术研发能力，同时建立了面向全国完整的蔬菜销售渠道，通过加盟蔬菜生产基地，进行整体管理、技术、标准、品牌等方面输出，扩大生产经营规模，提升企业的整体实力与盈利水平。近年来该企业通过整体蔬菜新品种与技术规程、产品质量标准以及品牌、管理方式与理念输出，吸引分布在各地的蔬菜生产基地加盟进入公司，扩大生产经营规模。具体做法是首先根据蔬菜生产气候与区域特点、种植条件和种植品种等筛选加盟蔬菜生产基地，然后建立整体管理团队入驻基地进行生产管理。蔬菜生产则由农户分片承包，所有生产投入品供应、技术规程、产品标准都由公司制定并提供，同时公司负责对所有生产的蔬菜实行分级销售，统一使用公司品牌。促进了农业新品种与新技术、新的管理方式在蔬菜生产经营中的推广与应用，有效提高了农产品生产质量，实现蔬菜产品的标准化、规模化生产与品牌化销售。此外，位于茅山脚下的江苏一号农场科技股份有限公司目前也在探索这种经营模式。

二、蔬菜产业组织模式发展过程中值得关注的几个问题

（1）公司与合作社相互嵌入形成的产业组织模式的效率与公平问题。公司与合作社相互嵌入形成的产业组织模式产生原因，比较多的可能是合作社的民主决策机制在面对千变万化的市场时，难以发挥有效作用，这是调研中合作社负责人普遍反映的一个问题，而这将影响合作社的效率与收益分配。因此成立公司成为一种替代选择，这样，生产经营过程中的一些重要决策安排也由合作社民主控制转向企业主要负责人控制。这虽然有效提高了生产经营决策效率，降低了合作社生产经营风险，但同时可能会强化了合作社的少数人控制，如此，如何确保普通社员的利益又成为另外一个值得关注的问题。

（2）合作社自身规范发展问题。合作社在蔬菜产业组织模式中占重要地位。从合作社成立初衷看，一方面是小生产对接大市场、分散经营农户抱团发展需要，另一方面也与政府推动与主导有密切关系。有些学者甚至认为，“中国大多数合作社往往缺乏组织自身应有的自主性，很多合作社是强势主体‘利益共谋’的结果，只是在最终购销方和农户之间充当了中间商，甚至很多合作社都是政府与企业扶持起来的”①。在中国，合作社发展其实缺乏适宜的土壤（传统文化影响与农村地区市场发育程度不足等）。因此不管出于什么目的成立合作社，如果严格按照合作社的传统定义，基本上不能称之为规范的合作社。但从实际效果看，合作社在开拓完善农业投入品与农产品的购销渠道、推广扩散农业新品种、新技术、新模式，带动普通农户与现代农业有机衔接、发挥合作社的益贫作用等方面发挥了重要作用，已经成为现代农业发展中的重要经营主体。从当前和今后一个时期合作社的地位与作用、促进合作社规范发展与实现其可持续发展的视角看，既不能以企业化发展代替合作社作用，也不能以能人治理代替合作社的决策机制与内部民主管理监督机制。由此，合作社治理优化问题显得越来越紧迫。

（3）关于产业组织模式中的带头人作用问题。无论是公司的主要负责人还

---

① 温铁军. 农民专业合作社发展的困境与出路［J］. 湖南农业大学学报（社会科学版），2013，14（04）：4-6.

是合作社理事长其知识技能水平与经营管理能力、社会资本以及企业家个人情怀（道德水平、社会责任等），在蔬菜产业组织模式形成以及确保其可持续发展过程中发挥的作用相当大。而公司与合作社相互嵌入的产业组织模式无疑为其依赖个人作用发挥提供了制度基础。负责人的知识技术水平与经营管理能力为产业组织模式主动采纳新技术与新品种、改善企业或者合作社经营管理水平奠定了基础；负责人的社会资本优势，则为打通农产品销售渠道，处理产业组织模式与外部关系方面创造了良好条件；而负责人个人情怀特别社会责任感则对于产业组织模式建立相对完善的利益分配机制，保障合作社普通成员以及企业员工的合理收益等方面发挥重要作用，以上三个方面已经成为奠定产业组织模式可持续发展的关键要素。

（4）在现有产业组织模式下社会资本进入蔬菜产业的问题。蔬菜产业相对于大宗粮食作物产业而言，其产业附加值更高，因此也较易吸引社会资本进入。但从现实情况看，成功的案例并不多，其中的原因很复杂。首先，作为农业产业仍受到高的市场风险与自然风险影响，蔬菜产业的市场化程度已经相当高，基本已经形成大市场、大流通的格局，许多蔬菜常常出现“卖全国与买全国”甚至“卖全球与买全球”现象。把握市场规律是社会资本必须考虑的首要问题。其次，蔬菜生产的专业化程度高，对新技术新品种的需求更加强烈，特别强调“专业人做专业事”，这意味着社会资本进入蔬菜行业更多的是在产后环节，而生产过程由于劳动密集程度高，劳动监督困难，仍然需要交给职业化的种菜农民。这是社会资本到底把进入蔬菜行业的重点放在哪个环节是必须考虑的第二个问题。最后，蔬菜属于生鲜产品。生鲜产品的重点体现在即时需求、产品的保质期短与产品的标准化程度低等，而消费者的核心需求则是要求“买得到、买得好、买得方便、买得放心 ”，这就对生鲜产品的流通提出更高要求。当前日益发达的电商销售模式在蔬菜等生鲜产品销售上屡屡败北，就可以看出其销售难度之大，这是社会资本进入蔬菜行业需要考虑的又一个问题。

三、有关建议

（1）通过产业组织模式创新，找到能够兼顾合作社原则和现代企业管理制度的一种新模式，鼓励支持合作社与农业企业相互嵌入式融合发展。既能发现和调动企业家能人的积极性，吸引专业化人才的支持，又能提升合作社经营能力和绩效水平。为此需要加强对合作社领办人的经营管理、治理机制设计以及社会责任等方面的培训，提升合作社核心团队在现代市场营销、电子商务、品牌建设等方面的能力，使他们的视野、认知和重大问题的参与决策能力能够跟得上社会发展趋势，努力实现效率和公平的相对合理协调，实现组织发展绩效的持续优化。

（2）在合作社发展过程中稳步推进规范性建设。从当前合作社发展现状出发，充分肯定合作社在带动农户进入市场、科技成果扩散等方面的取得成效。现阶段合作社需要更多强调其为农服务的特色，而不应过分强调规范性问题。在合作社发展基本稳定情况下，随着合作社凝聚力提升，社员参与意识与合作意识日益增强，再逐步对其运行机制、股权结构、分配机制等方面进行管理与完善。

（3）仍需要加强政府对产业组织模式中各类主体的支持力度。一是对于合作社承接政府项目需要在项目设计与管理上与其他承接单位有所区别，不应过分强调政府项目形成的资产量化折股到每一社员的要求，只要对推动合作社发展有利，项目运行有实际效果就可以。二是切实解决好合作社、农业企业、家庭农场等在产业发展中用地问题，特别是解决好合作社建设生产性服务设施、发展设施农业、休闲观光农业等方面的用地政策落地问题。三是金融保险政策方面支持。在当前各类金融机构支农意愿强烈、金融产品不断丰富的情况下，重点要在完善信贷担保体系与经营主体信用体系方面加大工作力度，实现各类主体对于金融产品“贷得到、贷得起、风险可控、效果可期”等目标。

（4）发挥农业保险在分担蔬菜生产市场与自然风险方面作用。蔬菜生产过程及生产设施（如设施蔬菜大棚）极易受到自然与市场两大风险的影响，因此，建立完善规范的农业保险制度对确保蔬菜生产合理收益十分重要。为此，一是要推进农业保险业实现两个转变：转变农业防灾救灾方式，由“政府救济”向“保险理赔”转变；由物化成本保险向覆盖自然风险与市场价格风险的产量与收益保险转变。二是加大保费补贴力度，主要是提高中央和省级保费补贴力度。三是建立财政支持的农业保险大灾风险分散机制。

（5）加强对科研单位与新型经营主体参与市场化农业科技成果转化应用与开展公益推广服务方面的支持。一是要总结推广科研单位——新型经营主体——普通农户科技成果转化应用新模式，打通农业科技成果转化最后一公里问题。二是对科研单位中主要从事科技成果转化应用的科技人员既要通过市场化运作体现其价值，又要通过政府相关科技项目支持其主动与新型经营主体以及各类科技成果转化平台合作，从事成果转化应用工作。三是积极支持有条件的新型经营主体特别是农业企业与合作社主动承担科技成果转化与示范项目，提高其自身的研发能力与成果辐射推广能力。

第一章

专业化分工、纵向协作与合作社利益分配

——以南京市溧水区华成蔬菜合作社为例

蔬菜产业是江苏省农业农村经济的主导产业之一，占江苏省农业总产值的比重达到18%以上，成为仅次于粮食的第二大作物。蔬菜产业属于劳动密集型产业，生产经营主体主要包括家庭农户、种植大户、农庄合作社，农业企业等分散化和规模化生产经营主体。其中，蔬菜合作社作为江苏省蔬菜生产的重要产业组织，已经成为推进蔬菜标准化生产、推广无公害生产关键技术、争创特色品牌等的有效载体。

合作社作为生产者联合的一种方式，已经被理论与实践证明具有不同于公司和市场的组织优势，即通过内部协作等方式减少交易成本，实现规模效应。但在实际运行过程中，由于合作社运作不规范、成员间异质性以及合作社负责人和成员科技文化素质与管理水平参差不齐等原因，经常出现成员关系松散、分工与协作不足、生产组织管理效率低下、收益分配不均等问题。① 如何解决合作社面临的这些问题，发挥其规模优势与管理优势，推动蔬菜产业健康发展，是当前迫切需要解决的问题。本章以南京市溧水区华成蔬菜合作社为例，对其产业组织形式、管理运行机制、竞争优势等进行剖析，以回答以上问题。

第一节　合作社的组织结构与特征

南京市溧水区华成蔬菜合作社（以下简称华成蔬菜合作社）成立于2009年，位于南京市“1115”工程现代农业示范园——溧水区和凤镇万亩蔬菜产业园内。华成蔬菜合作社成立时注册资金为500万元，理事长出资375万元，占股75%。18位核心成员出资115万元，占股23%；另有合作社其他成员出资2 000~3 000元不等。目前合作社种植面积有2 000余亩，其中核心基地有730亩。

---

① 邓衡山，王文烂．合作社的本质规定与现实检视——中国到底有没有真正的农民合作社？［J］．中国农村经济，2014（7）：15-26+38.

合作社的组织架构见图 1-1。理事长是华成蔬菜合作社、江苏荟萃农业公司和科技超市的实际负责人。为了方便营运，成立合作社后不久，理事长就注册了荟萃农业公司，并且在政府的支持下开设了科技超市。合作社从事蔬菜种植，荟萃公司则全面负责合作社农产品的销售，下设销售单元。科技超市主要用于为周边的蔬菜种植户提供服务。合作社内部营运主要采用“生产单元”的模式进行生产，目前共有四个蔬菜生产单元。蔬菜生产单元全年种植 9 大类作物 30 多个品种。荟萃公司一方面作为合作社“销售单元”通过多种形式出售合作社的农产品，另一方面则作为投资主体与合作社共同进行温室大棚等具体项目投资。销售渠道主要包括食堂配送、礼品蔬菜、电商平台和批发市场等。2016 年，合作社与荟萃公司共有 3 000万元资产，其中合作社占有 37%的资产。

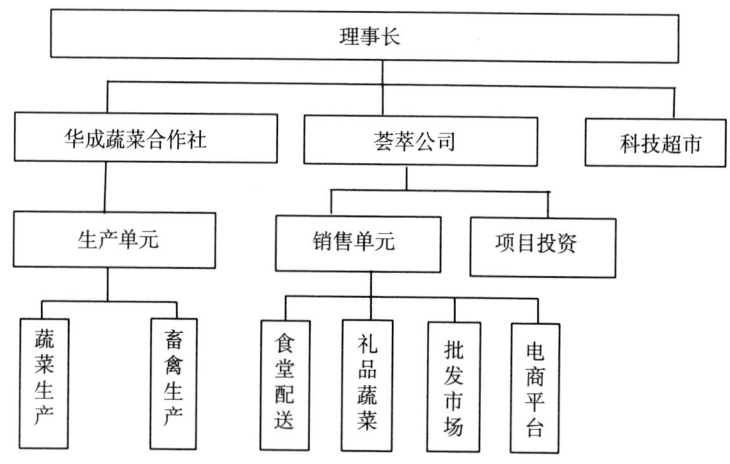

图 1-1　华成蔬菜合作社的组织结构

合作社成员为 143 人，其中雇工和管理人员 87 人，余下 56 人是土地入股的社员。87 名雇工和管理人员组成的成员有四种类型。一是既有股份，又参与劳动的成员。成员将地出租给合作社，同时又被合作社雇用。二是无股份，只参加劳动的成员，成员仅仅是被合作社雇用。三是既有股份，又参与生产单元管理的成员；四是没有股份，但是参与生产管理的成员。主要是 10 位大学生管理人员（视同职业经理人），虽然身份并不是社员，但都是合作社和公司的中层管理人员，被视同核心成员对待。

理事长有丰富的社会资本、企业家管理才能、个人声誉和人格魅力。首先，从社会资本来看，理事长从事了多年的农资销售和农产品销售，并且与政府、科研院所建立了良好的合作关系，积累了丰富的人脉关系和社会资源。其次，从企

业家的管理才能和魄力上看，理事长在合作社和公司管理上有着独到的见解。最初合作社是由理事长以及18位核心成员共同管理，但是经过一段时间运营后，理事长意识到亲戚朋友在合作社中过多会造成决策困难的问题，熟人之间的裙带关系也不利于合作社的管理。2011年，理事长开始引进大学生职业农民，采用类似于“职业经理人”的方式对合作社进行“单元式管理”。2013年，理事长与18位亲戚朋友协商，让他们全部退出合作社的股份。最后，从理事长个人声誉和人格魅力来看，他尽可能运用自己的企业家声誉为大学生争取更多的权益，如争取溧水区的人才引进政策等；同时充分发挥自己的人格魅力，和大学生以及雇工做朋友，允许大学生充分表达自己的意见，形成了合作社特有的企业文化。

第二节 合作社运行机制分析

一、基于专业化分工和内部纵向协作的生产经营机制

分工与协作的优势一方面在于专业化分工会促使每种特殊的工具能在专业人才手中充分发挥作用；另一方面在于协作促使不同劳动过程呈现出网状联结和集聚生产要素而节约交易费用，获得外部规模经济。分工—协作—市场的自我循环能够实现经济增长。正是由于专业化分工和协作的优势，华成蔬菜合作社在生产环节、销售环节以及育苗环节都尽可能进行了专业化分工，同时又通过纵向协作方式将投入要素供给、生产、销售与技术指导等环节有机联结起来。

一是合作社在生产环节通过生产单元模式，最大限度实现了标准化的蔬菜生产。生产单元由大学生职业农民承包，不同生产单元按照专业化分工，生产不同品种的蔬菜，并在年际间进行轮作。蔬菜作为劳动密集型农产品，在田间管理上需要付出大量的劳动时间。为了让生产单元专注于田间管理过程并且保证农产品质量，合作社统一提供种子、肥料、农药等，供应价格则参照市场批发价零利润提供，并在种植过程中提供技术指导，按照无公害蔬菜生产规程进行生产，尽可能实现了蔬菜生产的专业化和标准化。

二是合作社产品销售实行销售单元运作模式，最大限度实现了销售环节的专业化。销售单元由与合作社具有利益关联的荟萃公司负责，仍属于合作社蔬菜生产专业化分工的下游单元。销售单元将开拓销售渠道作为自己的专业职能，实现了销售环节的专业化，保证了其只需要专注于加工、品牌和销售等工作。销售单元陆续开拓了食堂配送、礼品菜销售、蔬菜宅配送、游客田头采摘及周边市场的批发销售等多样化的销售模式。销售单元的设立具有三个明显的优势：一是多样

化的销售渠道最大限度地降低了市场风险，保证了蔬菜的常年畅销，同时也保证不同品质、档次的蔬菜都有自己的目标市场。二是销售单元与生产单元无缝对接，减少了产品营销的中间环节，有效地降低了市场交易成本。三是合作社在批发市场销售蔬菜产品的同时，也负责采购食堂配送所需的肉类及其他食品，有效地降低了交易成本。

三是育苗环节探索育苗单元运作模式。随着合作社内部蔬菜种植规模的扩大，合作社在育苗环节进一步进行专业化分工。目前已有大学生向合作社提出要承包育苗单元，为合作社内部以及周边农户提供种苗。可见，专业化分工一方面可以促进合作社的规模化生产，另一方面规模化生产又引致专业化分工。

在各自实现专业化分工的基础上，合作社在生产环节通过以下三种制度安排实现了专业化分工下的纵向协作。一是晨会制度。每周一合作社都会召开例行晨会，晨会上生产单元之间交流技术和管理信息，销售单元向生产单元反馈市场销售信息并据此确定蔬菜种植的品种和轮作方式等；二是轮作制度。四个蔬菜单元根据销售单元反馈的市场需求信息确定品种轮作的形式，品种安排以某条路为界，以逆时针的形式进行轮作。轮作一方面可以保持土壤的肥力，防止出现连作障碍，另一方面可以增加生产组之间的合作协调能力；三是风险金制度。成立之初合作社没有设立风险基金预备制度，生产单元盈利分配的比例是70%作为单元负责人提成，30%作为长期雇工的绩效奖金。但是由于蔬菜生产存在自然风险与市场风险，一次病害可能导致了某个大棚颗粒无收，市场价格的变化也可能出现某种蔬菜收益大幅度下降。为了平衡风险，合作社调整了盈利分配方式，明确50%为单元负责人提成，30%作为长期雇工的绩效奖金，20%作为风险金提留。在市场出现巨大价格波动或严重自然灾害等情况下，生产单元可以通过风险金互助保证种植者基本收益。华成蔬菜合作社中专业化分工与纵向协作之间的关系见图1-2。

华成蔬菜合作社不同职能单元的形成过程中，通过专业化分工形成了产前的育苗单元，产中的蔬菜生产单元，以及产后的销售单元；同时又通过例会制度、轮作制度、风险金制度等制度安排实现了产前（育苗、生产资料购买环节）、产中（田间管理环节）以及产后（销售环节）的纵向协作。在专业化分工基础上形成的纵向协作实现了每个环节的规模效应，同时也保证了产前、产中与产后各环节的有机联结，有效提升了合作社的经营管理水平，为实现蔬菜产业的规模化、标准化生产与形成完善的营销渠道奠定了基础。

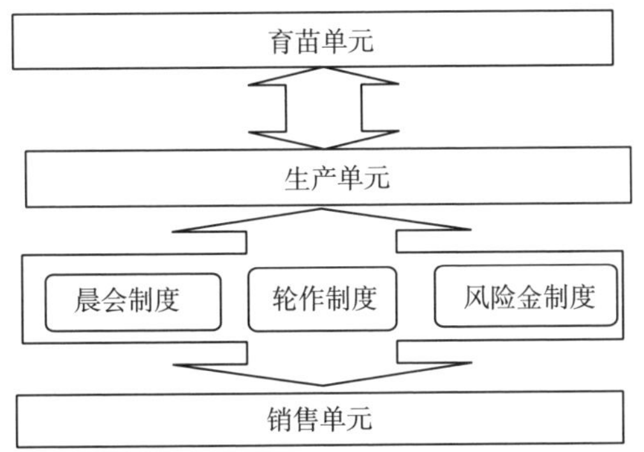

图 1-2 育苗单元、生产单元和销售单元的纵向协作

二、基于专用资产互补性的要素优化配置机制

与其他蔬菜合作社完全统一生产的模式或者完全分散经营的模式不同，华成蔬菜合作社在生产和经营过程中，采用的是大学生职业农民独立生产，合作社统一购买生产资料和统一销售的模式。这种模式的运行与合作社的资产专用性以及大学生职业农民的资产专用性密切相关。交易费用理论认为，为了特定交易，交易的一方会进行专用资产投资，一旦专用性资产挪作他用，就会面临资产损耗和沉没成本。因此，在只有单方面进行专用性投资的情况下，契约是不稳定的，只有当交易双方均进行了专用性资产投资且专用性资产互补性较高时，才能减少交易的不确定性，增加交易的频率，最终提高交易的效率和稳定性。

作为合作社的发起人和领头人，理事长为合作社形成了两方面的专用性资产：一是通过流转周边农户的土地，建造温室大棚，形成了生产环节的专用性资产；二是通过与溧水区各企事业单位建立长期稳定的供应关系，形成了销售环节的渠道专用性资产。但同时，合作社的生产经营也面临两大障碍：谁来管理温室大棚？如何与温室大棚的管理者建立紧密关系以保证稳定的供货来源？由于设施蔬菜是劳动密集型农产品，对于管理人员的人力资本和管理才能要求较高。为了积极寻求与高层次人才的合作，理事长积极引入大学生管理温室大棚，并形成不同的生产单元，就是基于合作社已经具备了生产性专用资产和销售渠道专用资产，缺乏的是人力资本和管理才能这样的互补性专用资产。如果没有具有管理才能和先进理念的生产单元管理者，合作社前期投资的温室大棚就无法投入使用，或者即使投入使用了，也不能实现较高的生产效率和效益。

对于各生产单元的大学生职业农民来说，一般都具有较为先进的管理理念，愿意投身到农业生产中，可塑性非常强。但同时，刚毕业的大学生也存在着经验不足和资金不够的问题。大学生从两方面进行了专用性投资，一是农业知识和技能的人力资本投资。合作社大部分大学生在校学习的都是涉农专业，早在大学期间就已经形成了农业方面的人力资本专用性投资。二是以每年每亩 1 000元的价格租用合作社的温室大棚。通常一个生产单元的占地面积为 15 亩左右，这就意味着大学生需要投入 15 000~20 000元的租金成本，也是一种专用性投资。

从图 1-3 可以看出，仅仅有合作社进行专用性投资并不能实现合作社的有效运转，需要高素质的管理人才和稳定且高质量的农产品来源。大学生职业农民具备管理才能，并且愿意通过租用合作社温室大棚的形式，实现生产的专用性投资，正好与合作社形成了互补性资产，从而实现了紧密的纵向协作。

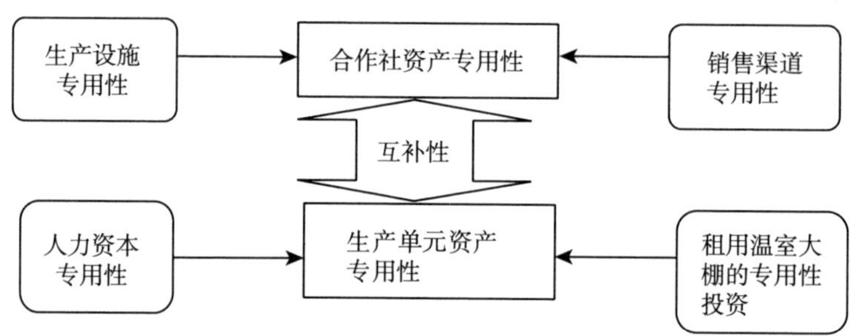

图 1-3　合作社与大学生职业农民专用性资产互补性与纵向协作

华成蔬菜合作社和大学生职业农民依托各自资源禀赋的差异进行了专用性投资，最终使他们形成紧密合作关系的关键在于两个：一是大学生职业农民成为职业经理人，与合作社之间形成“委托-代理关系”，大学生职业农民是生产单元的直接管理者，互补性资产投资和生产单元管理形成的推力，促使大学生职业农民通过管理生产单元成为类似于职业经理人的角色。同时，合作社与大学生职业农民之间的专用性投资是互补的。二是为了与大学生职业农民和生产单元建立更紧密的利益联结关系，理事长除了采用正式的运行机制之外，还运用了关系治理。即利用自身丰富的社会资本与政府之间的良好关系以及对人才政策的充分了解，积极为大学生争取当地落户、买房和人才补贴，形成了良好的合作互惠的关系。互补性专用资产投资和合作社关系治理的合力进一步深化了合作社的纵向协作程度。

三、基于绩效与贡献的收益分配激励机制

合作社在专业化分工下实现纵向协作虽然提高了合作社的经营管理水平，但生产上的激励机制与相对合理的利益分配机制才是实现合作社可持续发展的关键。华成蔬菜合作社在发展过程中，形成了较为完善的基于绩效和贡献的激励机制，促进合作社保持良性的运行和发展。

1. 市场细分和差异化定价策略倒逼生产单元努力提高蔬菜生产的优质化水平，增加生产经营效益

华成蔬菜合作社对溧水区的蔬菜市场进行了细分，并且以质定价进行出售。市场细分是按照消费者需求的差异性把总体市场划分成若干个具有共同特征的子市场，有效市场细分准则的要求与市场细分的目的紧密相关，是差异化营销对市场细分的要求。华成蔬菜合作社充分利用市场细分策略，以消费者需求差异为基础，对不同质量的农产品实现差异化定价。将产品的销售渠道区分为礼品蔬菜、食堂配送、电商销售、批发市场等，同时对不同的渠道进行了差异化定价，礼品蔬菜的定价最高，其次是食堂配送和电商销售，最后是批发市场。

在对市场进行细分的基础上，合作社对生产单元的产品收购采用了分级收购策略。优质优价的策略激励了生产单元采用更精细的田间管理方式来生产农产品，从而有效保证了蔬菜生产的品质。为了激励大学生职业农民生产质量更高的农产品，合作社在收购生产单元的农产品时，对于质量较差的农产品，按照批发市场价格进行收购；对于质量较高的礼品蔬菜，在批发市场平均价格基础上再加价 50%进行出售；质量中等的蔬菜，在批发市场平均价格基础上再加价 20%进行收购并进行食堂配送和电商销售。

市场细分的差异化定价和合作社内部的分级收购策略将蔬菜的供给和需求有机地结合在一起，在尽可能地提升产品生产质量的同时，还实现了利润最大化，提升了生产单元和销售单元的绩效，保证了合作社的良性发展。

2. 基于个人贡献的差异化利益分配激励生产和销售的积极性

合作社形成之初采用的是统一生产模式，运行机制也主要基于理事长个人以及 18 位核心成员对温室大棚的管理。盈余分配主要包括两个方面：一是对资金入股的社员进行股份分红，这部分社员以核心成员为主；二是对以土地入股的社员进行分红，这部分社员则是当地将土地流转给合作社的村民，分红实质上是租金。随着合作社的不断发展，合作社的运行机制演变为理事长主导，生产单元、销售单元等分工协作。利益分配机制因此充分考虑了生产与销售单元之间的专业化分工和大学生职业农民在管理中的作用。一方面，合作社的盈余来源是生产环节和销售环节专业化分工后所形成的差价，盈余分配充分考虑了生产单元和销售单元各自的贡献；另一方面，作为生产单元和销售单元的管理者，大学生职业农民的贡献在盈余分配中得到了重要的体现。基于以上两个方面的考虑，合作社的盈余分配着重体现在生产环节和大学生职业农民的利益分配。

如图 1-4 所示，华成蔬菜合作社的盈余分配过程主要分为三个阶段。一是在合作社与荟萃公司之间分配。合作社盈余是由荟萃公司下属的销售单元出售合作社农产品所获得的，因此销售额扣除销售成本和生产成本获得盈余之后，盈余在公司和合作社之间各占一半。公司再对销售单元进行提成。二是合作社内部的初次分配阶段。这一阶段实质上是按生产要素报酬进行分配。20%分给理事长，是理事长企业家才能的报酬；50%分给生产单元，是生产单元中管理者和雇工的劳动报酬；30%留存，和合作社租入和出租土地的租金差额一起，用于再分配。三是合作社内部再分配阶段。再分配阶段实质上是合作社成员的利益分配。由于理事长占有75%的股份，因此股份分红主要给予理事长，而另外25%是作为土地入股成员的分红。为了使大学生作为管理者获得最大的收益，理事长将自己获得的75%的股份收益又作为大学生和雇工的奖金进行发放，其中大学生奖金占比50%，雇工奖金占比25%，此举进一步促使大学生职业农民与合作社之间的合作关系更加紧密。四是生产单元内的分配。生产单元内按照50%、20%、30%的比例进行分配，50%为管理层提成，20%为雇工工资，30%为风险金。

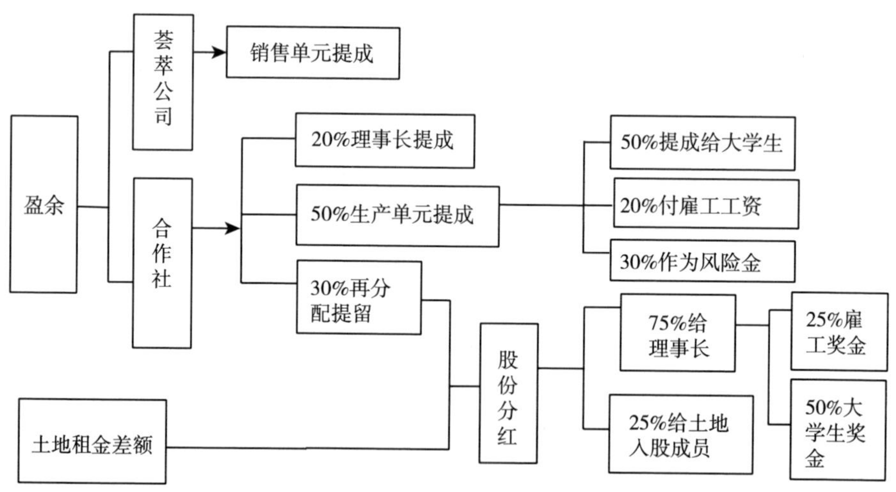

图 1-4 基于成员贡献的盈余分配机制

从以上利益分配方案可以看出，不同角色的成员在合作社中获得的收益有所

差异。①土地入股成员收益。从 2010 年开始，土地入股成员获得土地流转租金 700 元/亩，并获得 500 元/亩的股份分红。②雇工成员收益。雇工成员收益主要来自于三个方面，一是获得 2 万~3 万元的工资性收入，二是绩效收入，是由各生产单元在纯利润中提取 30%对长期雇工进行发放。三是获得理事长提供的奖金。③大学生职业农民收益。大学生职业农民的收入主要来自于三个方面。一是生产单元提成的 50%是大学生的分成；二是理事长提供的奖金；三是路晓华为大学生在溧水县争取人才引进优惠政策，共可获得 5 万元补助。总体来说，大学生管理人员的收入在 10 万元左右。④理事长收益。从理事长的收入和报酬来看，理事长在盈余中提成 20 万元，另由于理事长妻子在荟萃公司中任职董事长，领取一定的工资。

总之，华成蔬菜合作社的良好运营离不开它具备的三种特殊的运行机制。一是基于专业化分工和纵向协作的生产经营管理模式，该模式是基于不同生产经营环节要素集聚和规模效应而形成的；二是基于互补性资产的要素配置机制，该机制是基于理事长和大学生的资源禀赋差异而形成的；三是基于绩效和贡献的分配激励机制。该机制是基于农产品销售的差异化定价和不同角色成员的差异化贡献的报酬而形成的。正是由于三种机制的相辅相成，才促使合作社内部各种生产要素、各种资源禀赋得到了最优配置，发挥了最大的作用，提高了合作社的运行效率。如图 1-5 所示。

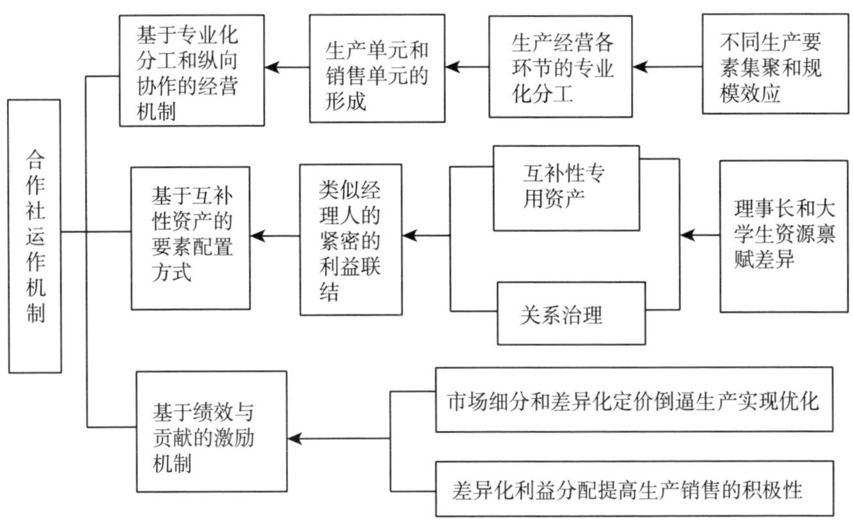

图 1-5　合作社的运行机制

第三节　合作社的竞争优势

亚当·斯密认为，“劳动生产力方面最大的增进以及运用劳动时所表现的更大的熟练、技巧和判断力，似乎都是分工的结果”。这一论述蕴含了专业化分工对纵向协作的影响，反映了组织内的关联部门通过分工合作，具有提高生产力、促进技术创新、减少生产成本等多项竞争优势。通过专业化分工、互补性资产的合力形成的紧密型纵向协作关系，华成蔬菜合作社具备了一定的竞争优势，主要体现在以下几个方面。

一是成本优势。华成蔬菜合作社通过组建销售单元，不仅整合了销售资源，还整合了生产资料采购资源。一方面专业化分工下的纵向协作减少了交易成本。销售单元将销售渠道集中在南京市溧水区的企事业单位食堂，距离合作社很近，销售渠道稳定，从而节约了大量的交易成本，实现了最大的利润。另一方面因为实现了规模效应，农业生产资料规模需求较大，上游生产资料厂商也给出较大的让利，从而减少了生产成本。种苗采购可节省30%的成本，农药采购可节省20%左右的成本，有机肥可以节省70%的成本。

二是资源配置优势。合作社经过内部的专业化分工，每一职能单元都各尽其能，发挥最大的潜能，无论是土地生产要素、物质资本、人力资本或者是品牌资源，还是企业家才能、管理才能、一般劳动力能力，都各自实现了资源的最优配置与有效的利用。

三是技术创新优势。随着蔬菜产业的不断发展和消费者对蔬菜等农产品质量的高要求，单个品种以及低质量的产品不能适应市场需求。华成蔬菜合作社通过专业化分工和纵向协作形成的技术创新优势体现在以下三点：一是在紧密的纵向协作关系下，合作社以销售定生产的模式，倒逼了种植技术水平的提高。二是在紧密的协作关系下，不同生产单元实行轮作模式，提高了技术创新水平和蔬菜生产质量。三是纵向协作促进了新品种、新技术的采纳，合作社由过去单一的麦油稻生产，改变为设施蔬菜高效生产和经营，并且由每年2茬菜改变为每年平均4茬，近几年引进适宜本地种植蔬菜品种近30种。

四是业态创新优势。在紧密的纵向协作关系下，合作社以销售定生产，以消费调结构，销售渠道和业态创新上具有一定的优势。业态创新主要体现在网上商城的建立、微信客户端的推出和农家乐业态模式等。首先，2013年以来，合作社筹建了华成网上商城，集宣传、咨询洽谈、网上订购、网上支付、交易管理等为一体，经过两年多的运行，已拥有500多名会员，月销售额可达80多万元，

客户群体包括了年轻白领、医生、教师、全职妈妈等人群。其次，继华成蔬菜商城成功运作之后，合作社又开通了手机微信端，产品与商城同步呈现，推出了团购、买就送、基地体验等一系列优惠活动，微信端的粉丝量达2 000人以上。最后，合作社还筹建了农家乐，年接待上千会员在基地体验农家劳作及品尝农家菜肴。此外，合作社已经计划在溧水城区建成直营点50个，便于日后的电商销售以及食堂配送，同时扩大销售渠道，利用电商平台进行基地和产品宣传，为未来休闲农业发展打下基础。

五是清洁生产和生态循环经济优势。合作社严格按照无公害生产技术规程，保证标准化生产。合理安排茬口，科学轮作，进行测土配方施肥，确定适合园区土壤与蔬菜的最佳的施肥方案，有效地维持了园区土壤的肥水平衡。病虫害防治方面，合作社采取以防为主、统防统治策略，并结合清洁田园、应用防虫网、遮阳网、黄板、杀虫灯、生物农药等手段对病虫害进行防治，降低病虫害的发生。生产过程利用监控设备更好地了解大棚内温、湿度以及光照条件，方便及时有效地进行农事操作。同时，合作社还建造1 200立方米沼气池，实现农业产业可循环，大量菜皮菜叶、畜禽粪便投入沼气池发酵，产生沼气并沤制出大量优质有机肥料。对作物施用沼肥不仅增强了抗旱防冻的能力，而且提高了秧苗的成活率。

六是产学研助力科技成果转化，取得良好的经济效益和社会效益。在合作社的组织创新、资源配置和激励机制良好运行的情况下，大学生职业农民的求知欲以及对技术创新和技术扩散的强烈需求促使合作社与科研院所建立良好的合作、研发和交流关系。江苏省农业科学院蔬菜研究所作为国内蔬菜品种和蔬菜种植技术领先的科研院所之一，在蔬菜种植技术、田间管理以及经营理念上对华成蔬菜合作社有着长期的指导和交流。产学研在合作社发展过程中的有机结合不仅提升了华成蔬菜合作社生产单元的技术水平和产品质量，也促进了江苏省农业科学院蔬菜研究所相关科技成果的转化，取得了良好的经济效益和社会效益。

第四节　讨论与启示

一、讨论

设施蔬菜既是高附加值的农产品，又是劳动密集型产品，同时设施蔬菜也是对农艺和田间管理要求很高的农产品，在设施蔬菜产业实现专业化分工具有一定的困难；同时，在专业化分工形成的规模经营下，如何形成成员与合作社之间紧密的利益联结关系也是蔬菜合作社发展的难题。本章探讨了华成蔬菜合作社在运行机制上的创新做法，认识到可以通过生产单元的模式创新来实现专业化分工，辅以晨会制度、轮作制度和风险金制度以及互补性专用性投资来建立纵向协作关系；通过绩效和贡献的双重激励，促使大学生职业农民提高生产单元和销售单元的绩效，促使合作社中各类人员各司其职，实现最优人力资源配置，获得相应报酬。以上三种运行机制形成了合作社独特的运营模式，最终实现了合作社的竞争优势。

二、启示

综上，根据本章的研究结论，华成蔬菜合作社的运行机制可以带来的启示包括以下五个方面。

(1) 注重单元管理的经营模式创新，实现规模优势和标准化生产，提高生产效率和农产品质量。蔬菜合作社可以通过内部的专业化分工实现了产前、产中和产后各环节的规模效应和标准化生产，通过晨会制度、轮作制度和风险金制度实现生产单元和销售单元的纵向有效联结，保证合作社生产的规模优势和生产的标准化，提升农产品质量。生产单元模式创新的特点在于在内部实现了不同生产经营环节的专业分工和差异化管理，有利于对生产品种的统筹、轮作和风险管理，尽可能地提高了合作社的生产效率，并降低了合作社生产风险。

(2) 要立足合作社相关经营主体各自的资源禀赋，有意识地进行专用性投资实现资产互补。本案例中，华成蔬菜合作社的理事长拥有良好的社会网络和社会资源、优秀的企业家才能和先进的管理理念，但是缺乏拥有专业技能和技术创新积极性的生产经营团队支撑；大学生职业农民拥有专业知识和对技术创新的渴求，但是又缺乏资金和经验。正是两者在资源禀赋上的差异，导致两者各自进行了专用性投资的同时形成了资产互补，在推进合作社制度创新和技术创新方面起到了重要作用。

(3) 要重视绩效和贡献的双重激励机制的创新。华成蔬菜合作社销售单元的负责人之所以能够做到积极主动的开拓销售市场、想尽办法地提升农产品质量，最根本的原因在于合作社非常重视绩效和贡献的双重激励。绩效激励主要体现以质定价的销售策略和收购策略上，销售单元进行市场细分和差异化定价策略来实现市场绩效，同时通过“优质优价”的分级收购策略倒逼生产单元进行精细化田间管理，提升农产品质量。基于贡献的激励机制体现了团队和个人在提升合作社业绩上所做的努力，赏罚分明，具有很强的操作性和激励作用。

(4) 要充分发挥合作社在资源配置和资源共享方面的作用，保证信息、技术和才能等要素的充分流动。华成蔬菜合作社之所以在拥有多个生产单元和销售

单元的情况下还能实现高效的运转，主要原因还在于充分发挥了合作社在资源共享上的优势，借助运行机制创新，实现了人才、信息和技术上的共享和流动。晨会制度不仅实现了市场销售信息的流动，还实现了管理才能和技术信息的交流；专业化分工基础上的生产单元轮作制度，实现了技术上的有效沟通和协作。信息、技术和才能的充分流动保持了合作社创新的动力，成为合作社不断发展的源泉。

（5）要积极培育和发挥理事长的企业家才能，助力合作社的发展。我国农村发展和农业组织制度创新中，最缺乏的就是企业家才能。企业家才能不仅包括理事长拥有的物质资本、社会网络以及政治资源，还包括企业家对不同资源进行整合、运筹帷幄的能力。华成蔬菜合作社理事长丰富的人力资本、社会资本和经营理念是维持合作社正常运作的关键因素，理事长的企业家才能和人格魅力在合作社的管理制度创新和技术创新上发挥了至关重要作用。对于其他合作社的借鉴意义在于，理事长可以通过培训、交流等多种方式提升管理才能，增强社会网络和社会资本，提高资源整合能力，助力合作社的良性发展。

此外，作为一个发展过程中的组织，华成蔬菜合作社在发挥竞争优势的同时，也不可避免的在内部治理机制和在外部政策环境方面面临着一些问题和困扰。一是用人问题。由于大学生没有当地农村户口，不能作为成员加入合作社，对大学生职业农民的身份进行认定并进行管理是迫切需要解决的问题。同时，合作社用工多以老龄劳动力为主，没有社会保险和医疗保险，无法保证劳动力的权益。二是如何处理好合作社与公司之间的关系问题。尽管荟萃公司在合作社的发展中起到了非常重要的作用，但是由于合作社和公司存在相互嵌入的关系，在销售和财务管理上有所重叠，如何在法律法规允许的情况下，发挥合作社和公司各自的职能，是未来合作社需要重点处理的问题，厘清两者的关系对于合作社和公司的未来发展都至关重要。三是政府对合作社的政策较为单一。目前政府对合作社的支持主要是项目配套资金支持，也就是在玻璃温室的建设上给予补贴，对于拓展销售渠道、农业人才引进、制度构建的支持上关注不够，在配套土地和用房政策上也缺乏相关指标。

第二章

推进农业科技成果转化与应用的有效路径探索

——以徐州市贾汪区泰瑞农业科技有限公司为例

近年来，江苏省农业科技创新对农业产业发展的贡献率持续提高，但是与在全国率先实现农业现代化、建设“强富美高”新江苏的要求相比，江苏省农业科技创新与成果转化仍然面临很多问题，包括科教资源未能转化为创新发展优势；农业企业市场核心竞争力不强；科研成果“最后一公里”问题仍然存在等。尤其是如何解决科技成果转化的“最后一公里”问题更是重中之重。解决该问题的关键在于构建有效的科研成果研发与转化应用的新路径，发挥新型经营主体在科技成果转化与应用中的作用。

徐州市贾汪区泰瑞农业科技有限公司以现代农业科技示范园区为基础，以科研院所和自行科技研发为科技创新的主要来源，以科技服务超市、康田合作社和“星创天地”等为科研成果示范与应用平台，探索依托新型经营主体推进科研成果转化应用的有效路径，通过技术来源多样、技术供需对接、产业链与创新链耦合，以及不同类型示范平台的互补和融合，形成了从科技创新、示范，到成果的扩散和转化的完整科技创新与应用链条，解决了农业科技成果“最后一公里”问题。本章分析了徐州市贾汪区泰瑞农业科技有限公司主导的科技创新和成果转化体系中的相关主体、实施路径和保障机制，并得出结论和启示，为促进科技创新和成果转化，满足不同生产经营主体的科技需求，提供借鉴和参考。

第一节　科技创新与成果转化的相关主体

一、徐州市贾汪区泰瑞农业科技有限公司

徐州市贾汪区泰瑞农业科技有限公司（以下简称泰瑞农业科技有限公司）是科技创新与成果转化路径中最重要的主体。泰瑞农业科技有限公司成立于2011年，总经理开办泰瑞农业科技有限公司之前，经营农资生意。近年来，泰瑞农业科技有限公司先后被授予“江苏省科技型企业”“江苏省农业科技综合示范基

地”的荣誉称号。

泰瑞农业科技有限公司主营业务分为四个方面。分别是技术研发、农资销售、果蔬生产和果蔬直营店销售。泰瑞农业科技有限公司拥有自己的研发中心，专家团队人数已达20余人，汇集了技术、产品开发和产品营销各方面专业技术人才。自主研发的技术“农业大棚除尘设备”“节能远程灌溉系统”等获得国家实用新型专利3项。在开展农资销售的同时为周边农户提供技术服务。生产基地主要从事果蔬生产，同时收购农户的果蔬进行简单分拣后在果蔬直营店进行销售。拥有自己的品牌如“仙蔬”“大洞山”“公主笑”“古彭一品莓”“地韭天长”“食全食美”等。同时，泰瑞农业科技有限公司也主导了其他三种科技创新和成果转化主体的形成和发展，分别是江苏省农村科技服务超市贾汪分店、星创天地和康田合作社。见图2-1。

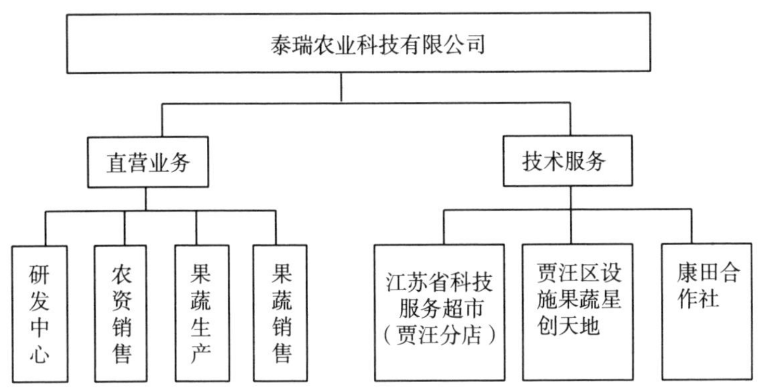

图2-1 泰瑞农业科技有限公司的组织架构

二、江苏省农村科技服务超市贾汪分店

2010年，泰瑞农业科技有限公司承担建设了江苏农村科技服务超市贾汪设施蔬菜产业分店。随后分店下又建立了5家便利店，分别是紫庄镇设施蔬菜产业便利店、耿集镇设施蔬菜产业便利店、贾汪鹿楼经济林果产业便利店、汴塘镇经济林果产业便利店和江庄镇设施食用菌产业便利店。贾汪分店拥有科博特雄蜂授粉技术、秸秆反应堆还田、授粉器授粉和高压直喷打药机等成果。分店累计发布授粉器授粉、地热增温育苗、中欧特效蔬菜保鲜箱、葡萄破眠、土壤调理修复剂等新技术、新成果52项，带动种植户200余户，亩均增收1 000元。获得“江苏省农村科技服务超市优秀分店”等荣誉称号。

三、康田合作社

康田合作社由泰瑞农业科技有限公司主导建立，合作社的股东为泰瑞农业科技有限公司的管理人员。核心业务是果蔬育苗。合作社建有果蔬育苗棚，为江苏省农业农村厅农业“三新工程”的配套项目。合作社作为“三新工程”的载体，主要作用是向周边农户进行新品种示范、栽培技术的推广。

四、徐州贾汪区设施果蔬星创天地

星创天地是泰瑞农业科技有限公司主导建立的农业科技孵化园。星创天地依靠公司创建农村科技服务超市技术平台、培训中心和生产加工示范基地等，组建了创业工作室和科技特派员创业指导基地等，采用“科技超市+星创天地+基地+创客”为特色的产业孵化方式，定期举办农场主、种植大户、农民经纪人座谈交流会、创业大讲堂、大学生村官培训班等活动，交流创业体验，学习创业经验，凝练创业项目。

五、科研院所和高校

泰瑞农业科技有限公司与中国农业科学院、南京农业大学、江苏省农业科学院蔬菜研究所等高校和科研院所建立了长期合作关系，为农业和农民创业提供了强力科技和智慧支撑。公司成立以来，共推广新品种 20 余个、新技术 30 余项。

第二节　科技创新与成果转化的实施路径与保障机制

一、科技创新与成果转化的实施路径

科技创新与成果转化的实施路径包括以下三个方面：一是泰瑞农业科技有限公司—科技服务超市分店—直接服务各镇果蔬种植户与家庭农场；二是泰瑞农业科技有限公司—星创天地—直接服务于园区内大户、创客和企业；三是泰瑞农业科技有限公司—康田合作社—成员农户等（图 2-2）。

（1）泰瑞农业科技有限公司—科技服务超市分店—各镇果蔬种植户和家庭农场。这条科技创新和转化的路径依托科技服务超市平台，将技术直接扩散到生产者，实现了技术与生产的无缝对接。首先，泰瑞农业科技有限公司通过自主研发和聘用高等院校的专家建立了技术研发团队，确保了技术的来源。然后，技术通过科技服务超市及其设立在徐州市下属各镇的便利店进行扩散，最终作用于果

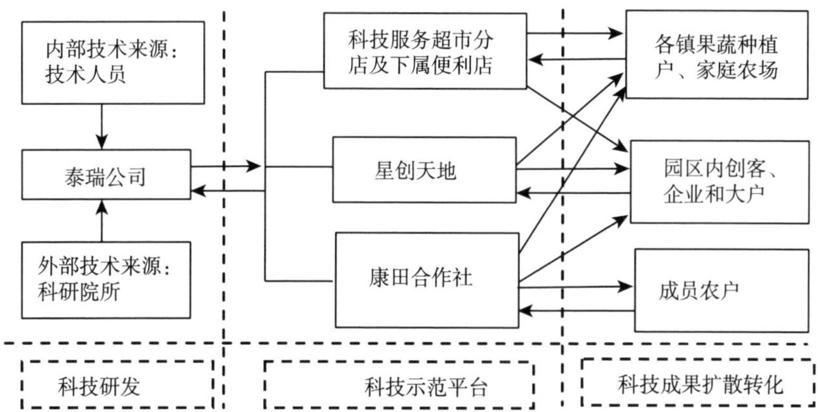

图 2–2　泰瑞农业科技有限公司科技创新与成果转化的实施路径

蔬种植户、家庭农场的生产，完成了科技成果的转化。通过便利店的开设，有效地解决了技术转化的“最后一公里”问题。同时，通过便利店的开设，果蔬种植户和家庭农场等生产经营主体可以及时反馈技术需求，从而实现技术供需的有效对接。

（2）泰瑞农业科技有限公司—星创天地—园区内创客、企业和种植大户。该路径主要依托的科技示范平台是星创天地。星创天地作为“孵化器”的形态，对于农业技术的需求来自于农业园区中的创客、种植大户和企业。这类生产经营主体通常是大学生、新型职业农民，文化程度较高，经营理念先进，以玻璃温室种植为主。以泰瑞农业科技有限公司为技术来源，以星创天地这个“孵化器”为载体，技术成果扩散和转化的模式主要采用实地培训和座谈的方式，可以有效地促进孵化器内各生产经营主体的发展，在培训和交流过程中实现了技术供需方的有效对接。

（3）泰瑞农业科技有限公司—康田合作社—成员农户。该路径主要依托的科技示范平台是康田合作社。康田合作社是农业“三新工程”的实施主体，通过育苗棚的建设，为成员提供品种示范和栽培技术的推广，有效提高了合作社成员的种植效率和种植收入。同时，合作社成员也可将技术信息需求反馈给合作社，最终作用于泰瑞农业科技有限公司的研发环节。

当然，除了以上三种固定的实施路径以外，科技服务超市、星创天地和康田合作社也会通过技术溢出效应对各生产经营主体产生技术扩散的作用，促进科技成果的转化与融合。

二、科技创新与成果转化实现路径的保障机制

（1）泰瑞农业科技有限公司研发中心为科技创新和成果转化提供了不同层次的技术来源。泰瑞农业科技有限公司的研发中心主要采用公司技术员+外聘专家的模式。公司技术员是公司技术研发和扩散的具体操作者，技术研发内容往往是实用性强的田间栽培管理、合理用药用肥、节水灌溉等技术。来自科研院所的专家往往是优良品种研发等需要投入较大的技术创新提供者。实用技术和优良品种的有机结合，形成了丰富有层次的技术来源，有利于科技成果的转化。

（2）设施果蔬产业集聚为科技创新和成果转化提供了产业基础。泰瑞农业科技有限公司、科技服务超市、合作社和星创天地均位于江苏现代农业科技示范园区。该园区核心区主要产业是设施果蔬产业。近年来为了促进农民增收，由贾汪区政府引导、农户主导、企业参与、市场化运营，对科技示范园区设施农业进行统一规划、整体推进，着力打造连片集中、配套完善、环境优美、三产融合的全产业链农业产业带。目前，农谷大道两侧设施农业面积达 8 万余亩，建有精品示范园、采摘园 30 余处，配套科技服务超市、育苗工厂、产学研基地、加工出口企业等 20 余处，是徐州市最大的设施农业集聚区。

（3）互补性和融合性的示范平台为科技创新和成果转化提供了有效载体。首先，科技超市、合作社与星创天地各自具有独特的运行特征和运作方式，实现了实施平台的互补性。科技超市的便利店模式最大限度地解决了技术的“最后一公里”问题，把来自科研院所最新的生产技术和品种带到田间地头实现了科技成果在实地中的有效转化。康田合作社作为农业“三新工程”的主要载体，发挥了示范效应和技术扩散的作用。星创天地利用孵化园的集聚效应优势，对全区内的种植大户、创客以及新型职业农民起到了良好的技术推广作用。其次，科技超市、合作社与星创天地互相融合，产生了科技推广的规模效应。星创天地与科技超市分店一起，加大科技信息和科技成果转化力度，开展田间地头巡视活动，设置黄标警示旗，为农户提供预约上门服务。正是各平台之间的互补性和融合性，为科技创新提供了有效的载体。

（4）技术供需的信息流动和资源配置为科技创新和成果转化提供了有利条件。随着农户分化的加快，对技术的需求也呈现出差异化的趋势。设施果蔬种植中小户和大户、家庭农场和企业的需求各不相同。正是由于不同规模的农户对于农业技术呈现出差异化的需求，倒逼泰瑞农业科技有限公司在研发环节依托不同平台能够直接了解服务对象对技术的需求，从而能够有效解决技术研发的结构性短缺和缺乏针对性的问题。技术供给的多样化有效地对接了技术需求的差异化，

在一定程度上能够实现供需平衡，为科技创新和成果转化提供了良好的先决条件。

第三节　结论与启示

一、结论

本案例中，泰瑞农业科技有限公司创新了科技成果转化的实施路径，在促进技术研发和科研成果转化方面取得了良好的效果，带动了当地的果蔬种植户和科技示范园区中的其他经营户，同时也促进了高等院校、科研院所的科技成果转化，实现了产学研的有机结合。但同时，科技成果转化中可能也存在短板，需要引起重视。一是泰瑞农业科技有限公司自身的"研发中心"依靠外聘专家来取得科技成果进展，内部力量有所不足，内部负责技术的人员更多的可能是在做较浅层次的技术服务。二是星创天地作为一个形式较为松散的孵化器，主要定位在农产品电子商务平台的打造上，其中的经营主体更多的以企业形式存在，因此在科技成果推广示范和转化上所起的作用比较薄弱。三是基层农业推广服务体系在科技成果转化与推广过程中发挥作用较少。三种成果转化与应用路径中，基本上没有基层农业推广部门的参与，说明对于基层农业推广体系在服务农业生产经营的作用与地位需要重新界定。

二、启示与建议

根据以上结论，本章认为该案例可以给予我们如下启示。

一是要强化农业新型经营主体的科技成果转化主体地位。随着我国农业经营体系不断创新，农业企业、合作社、家庭农场以及种养大户、农业社会化服务组织等新型经营主体逐步成为从事农业生产、流通、加工等领域的重要力量，他们经营理念新、创新意识强，科技需求强烈，又具有一定资金与技术研发能力，具备了承接先进农业科技成果转化应用的能力；同时新型经营主体通过合作、契约、订单等方式又连接千家万户的小规模农业经营户，拥有农业科技成果扩散与推广的独特渠道与路径，抓好这个承接科技成果落地与推广应用主体，对打通农业科技成果转化应用的"最后一公里"，具有重大现实意义。此外，由于新型经营主体对于消费者需求信息有着较为充分的把握，有利于新型经营主体以需求定研发方向，进而为农户提供服务，服务过程中带动农资产品的销售以获取利润。

二是应着力构建科研单位—新型经营主体—普通农户的科技成果研发、转化与应用体系。首先，要建立与科研院所的紧密联系。尤其是在某些投入较大的技术研发环节，要充分利用科研院所和政府农技推广部门的公益性质，拓宽技术来源。其次，要注重科技需求和科技供给的有效对接。充分利用科技创新主体和科技示范平台的融通功能，实现技术供需的信息流动和资源配给，以需求定供给，提高科技研发环节的针对性和目的性。最后，要注重科技创新和推广主体的双重身份和作用。泰瑞农业科技有限公司是科技创新的主体，同时也是科技成果转化和推广的推动者。如果泰瑞农业科技有限公司只是创新的主体，不是科技成果转化和推广的实施者，那么就无法实现科技成果的有效转化。如果泰瑞农业科技有限公司只是成果转化和推广方，而不是科技创新主体，那么就无法有效实现技术供需的有效对接。

三是依托各类新型经营主体加快建立一批农业科技成果示范与转化应用平台。泰瑞农业科技有限公司通过建立科技超市、星创天地等科技成果转化平台，有力促进了科技成果的辐射推广，不仅惠及了合作社成员，同时也带动周边地区果蔬种植户应用先进的农业科技，提高生产经营水平。政府一方面要重视加强各类科技成果创新与转化平台建设；另一方面，要把科技成果转化平台建设与新型经营主体培育有机结合起来，通过平台承接政府有关科技成果转化项目，通过平台推进科研成果尽快转化落地。此外，应注重中央财政项目资金在应用体系中的使用规范和有效对接，尤其是在新型经营主体内部利润获取不足的情况下，仍然需要政府给予一定的支持来激励新型经营主体为农户提供科技服务。

第三章

社会资本参与农业农村发展的路径探索

——以江苏杉荷园农业科技发展有限公司为例

党的十八大以来，在中央深化农业农村改革、破除体制机制障碍的大背景下，农业作为重要基础性产业迎来了巨大的发展机遇，尤其是随着城镇化发展和社会消费水平的提升，城镇居民对优质农产品和农业休闲体验需求不断增长，刺激了社会资本和工商资本开始涌入城镇周边农村地区投资开发现代农业项目。这些资本带来的创新思路和做法，让农业变得多姿多彩，并兼具赚钱诱惑。但不容忽视的是，社会资本、工商资本大规模进入农业农村也产生了一些不好的个案，对农村发展造成了不小的负面影响。如何让各类资本与农民的利益紧密联系起来，实现资本与农业农村发展共赢？这是值得思考的问题。本章对江苏杉荷园农业科技发展有限公司的基本情况、运营模式、特征与启示等进行剖析，试图为社会资本参与农业农村发展探寻一种可靠的模式或一条可复制的路径。

第一节　公司及合作社基本情况

江苏杉荷园农业科技发展有限公司成立于 2017 年，位于宿迁市宿豫区新庄镇朱瓦村河西组杉荷园内。公司较早的雏形是三个专业合作社，分别是宿迁市荷林莲藕种植专业合作社、宿迁市绿荷生态水产养殖专业合作社和宿迁市九品香水莲花种植专业合作社，三个合作社的实际负责人也是公司董事长。成立公司的想法主要源于董事长集团化运作的思路，即采用集团化的运营模式对三个合作社的生产、加工、销售等进行统一管理。

三个合作社于 2014 年陆续成立，注册资金共 580 万元，合作社成员全部以货币资金入股。董事长出资 464 万元，占股 80%，11 位核心成员出资 116 万元，占股 20%。合作社占地面积 3 000亩（包括道路、沟渠、河道在内），其中宿迁市荷林莲藕种植专业合作社主要种植浅水藕，提供菜藕和种苗，种植面积有 1 500多亩；宿迁市绿荷生态水产养殖专业合作社主要以黑鱼、龙虾、鲫鱼养殖为主，养殖面积达 400 多亩；宿迁市九品香水莲花种植专业合作社主要种植九品香水莲，主要提供休闲观光服务及莲子、莲花茶等加工产品，莲花种植面积达200多亩。此外合作社还种植雪桃、黑花生等，种植面积达200多亩。公司具体的组织架构如图3-1所示。目前，合作社社员共39户，11户是资金入股的原始股东，28户是陆续加入的持干股的股东。

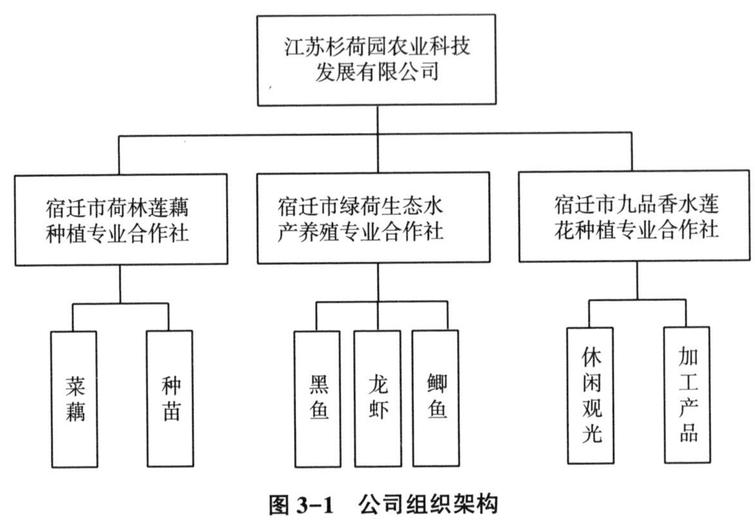

图3-1　公司组织架构

第二节　运营模式分析

集团化运作具有资源共享、优势互补、提高企业创新能力与综合竞争能力的优势。江苏杉荷园农业科技发展有限公司以集团化运作的模式对宿迁市荷林莲藕种植专业合作社、宿迁市绿荷生态水产养殖专业合作社和宿迁市九品香水莲花种植专业合作社进行统一管理，一方面通过统一采购、结算、生产与营销实现规模效益，另一方面通过产业互补、产品互补实现协同效益。此外，基于本地公司良好的运营态势，公司向外拓展产业加盟业务，通过异地产业联盟，扩大产业规模，提升产业影响力，实现产业做大做强。

一、"公司+合作社+农户"集团化运营模式

江苏杉荷园农业科技发展有限公司对三个合作社实行集团化运作的管理模式，换个角度来看，三个合作社也可以说是江苏杉荷园农业科技发展有限公司的三个生产单元。这种以合作社形式存在的生产单元具有一定的发展优势，一是政府政策支持优势；二是技术资金优势；三是吸引更多小生产单元（小农户、大

户、家庭农场等）集聚的优势。三个合作社发展三类不同的产业，通过市场经济的手段，吸纳各类小生产单元主动自愿以干股的形式入社，更好地实现了生产规模稳步扩大，利益关系稳固和谐。

按照职能分工不同，江苏杉荷园农业科技发展有限公司“企业+合作社+农户”的集团化运营模式可细分为两个环节：一是生产环节“合作社+农户”；二是销售环节“企业+合作社”。

（1）“合作社+农户”的生产环节。合作社与农户之间的关系主要建立在农业生产管理和绩效分配等方面。在生产管理方面，合作社通过统一的生产规程、技术指导和农资供应来实现农业生产的规模化、专业化和标准化，降低生产成本的同时保障农产品质量。在绩效分配方面，合作社针对不同身份的成员建立差异化的绩效分配制度，激励更多的农户参与标准化生产。成员分为三个类别，一是原始股东农户，以劳动雇工的方式参与合作社经营，合作社以雇佣工资每天 80~100 元的方式计算其报酬，此外原始股东农户还享受合作社股份分红。合作社每年将经营利润的 40%作为留存公积金，用于合作社日常运营与扩建，60%进行股份分红。二是持干股股东，这些多数为周边自愿入社的大户或家庭农场，他们按照合作社的生产规程参与合作社生产，合作社以生产规程为标准对其生产过程进行监督考核，最后根据农户的实际生产效益，按照 30%~40%的比例对其进行绩效分配。同时设立奖惩制度，对严格按照生产规程进行生产的打满分，对不符合生产规程操作的进行扣分，对超指标完成任务的进行加分，并将这种奖惩制度与绩效分配比例挂钩，充分调动农户的生产积极性。三是普通农户，大多数为周边留守农村的剩余劳动力，受各种因素限制，没能转移到城镇参加非农就业，但能利用闲暇时间，以雇工的形式参与合作社生产，获得合作社雇佣工资，以此增加家庭收入。这也是当前解决农村剩余劳动力的主要途径之一。

（2）“公司+合作社”的销售环节。公司通过集团化运作的模式对三个合作社的产后环节（包括产品定位、加工、包装、品牌与销售等）进行统筹管理，实施专业化营销，充分发挥集团化运作的规模效益和协同效益。主要表现三个方面：一是专业化、规模化的销售，较大程度降低农产品的销售成本。江苏杉荷园农业科技发展有限公司对三个合作社的农产品进行市场价协议收购，再以公司专业化的销售团队在外进行规模化的产销对接。一方面公司能够开拓更广阔的市场，促进销售，另一方面公司能增加农产品在市场中的谈判力量，提高谈判效率，降低交易成本，提高农产品收益。二是精细化的加工、包装与品牌销售，充分提升农产品的附加价值。农产品都具有不耐储存的特征，应季销售农产品又面临激烈的市场竞争，难以有效保障农产品的市场价格。因此，加工、包装与品牌销售是实现农产品市场差异化、提升农产品附加值的有效途径。公司通过对三个合作社收购的原料农产品进行精细化的加工、包装与品牌销售，如九品香水莲花可加工成莲花茶、莲花点心、莲花冰淇淋等，新鲜的莲子通过打磨、抛光加工成莲子礼盒等，并借助企业品牌“杉荷园土特产”及“东哥家乡礼”名人效应进行销售。不仅实现了农产品的多样化，还能充分提升农产品的附加价值，保障农产品的经济效益。三是差异化的产品定位，满足不同等级的消费需求。三个合作社分别生产浅水藕、水产品和九品香水莲花。浅水藕以销售藕苗为主，占 70%，菜藕为辅，占 30%，主要面向浅水藕种植的各类主体与一般消费市场。浅水藕种植对劳动力需求相对较少，成本相对较低，种植面积较大，主要以追求规模效益为市场定位。水产品以生态健康养殖为宗旨，主要面向对优质农产品有需求的中高端消费者，以追求品质效益为市场定位。九品香水莲花兼具食用和观赏的双重功能，盛开的莲花可供休闲观赏，同时还有莲花、莲子等副产品可供进行加工销售，主要面向有优质农产品和农业休闲体验需求的城镇消费者，以追求三产融合效益为市场定位。此外，在发展休闲农业的过程中，企业扬长避短，以产业优势为基础，引进台商资本，借助台商先进休闲农业发展理念，打造九品香水莲花休闲旅游度假基地，让更多有需求的城镇消费者享受到更好的休闲观光体验，带走更多的农业加工产品。三类产品差异化的市场定位，满足不同等级的消费需求，有利于占据各类消费市场，形成产业互补、产品互补，实现企业集团化运作的协同效益。

为稳固公司与合作社的供销关系，公司建立了灵活而又紧密的利益联结机制。一是达成收购协议，保障合作社种植户的根本利益。公司与三个合作社达成收购协议，对合作社生产的农产品按照市场价进行保护价收购，保障合作社种植户的根本利益。二是按价值比例提成，实现差异化农产品利润的合理分配。公司对收购后的农产品进行专业化、规模化销售，扣除成本后获得的利润，按照利润价值，设定合理的提成比例，与合作社进行利润分配。产品的利润价值越高，公司提成的利润越多。激励公司对农产品价值挖掘的同时，合理权衡了合作社的利益，形成了企业与合作社之间的长效合作机制。三是形成公司品牌效应，让合作社的农产品依赖品牌。基于合作社的标准化生产，公司对合作社提供的农产品进行再次品质检测，检测合格后进行品牌销售。做到以公司品牌销售的农产品等于有了品质保障，在市场中形成良好的信誉，当达到一定规模以后，客商主动上门向企业进行采购，使得合作社的农产品销售离不开企业的品牌形象。

二、“公司+异地产业联盟”运营模式

江苏杉荷园农业科技发展有限公司以成熟的技术、运营模式及稳定的销售通道对外进行产业加盟。加盟者只需向公司采购种苗，公司将为加盟者免费提供设计规划与技术指导，并在必要时帮助产后销售，实现对产业加盟者的全产业链帮扶，顺利达到扩大产业规模、提高产业影响力的目的。目前，公司已在贵州、山东、安徽等地建立产业联盟基地，合计联盟面积达 8 000亩以上。经过四年努力，合作社与企业累计投资的 3 000多万元基本回本，且尚有盈余。

第三节　社会资本进入农业需要关注的几个问题

结合江苏杉荷园农业科技发展有限公司运营模式与发展特征，社会资本进入农业需要重点关注以下几个方面的问题。

一、适宜的产业选择与定位

不同地区发展何种特色产业，需要结合当地的自然资源禀赋、人文社会条件及经济发展水平来定。尤其是蔬菜产业，属劳动密集型产业，对种植技术、田间管理及劳动力的要求较高，需要考虑的因素更多。董事长根据当地资源状况、多方考察结果及自身技术掌握情况，选择了对技术要求、管理要求和劳动力需求均相对较低的莲藕产业。一方面，技术要求和管理要求相对较低的莲藕产业对几乎没有技术背景的董事长来说，其产业起步相对容易；另一方面，劳动力需求相对较少的莲藕产业对几乎没有高素质剩余劳动力的农村来说，产业发展的成本相对较低，产业发展风险相对较小。并且产业定位以发展莲藕种苗为主（占 70%），进一步降低了莲藕市场销售难的风险。以此作为基础主导产业，理事长还依据产业业态多样化的思路，陆续发展了生态水产产业及休闲观光莲花产业，形成差异化的产品与业态，促进一二三产业融合，增加产业附加值，提高产业效益，实现产业可持续发展。

二、紧密的利益联结机制

农业产业的发展离不开一方农民的密切参与。农业与其他产业不同，农业的各个生产环节具有特殊性和不定性，无法严格按照生产章程进行操作。因此，最好的农业雇工是农民。他们有一定的农业生产经验，熟悉一些特定的农业生产操作，能更及时有效地发现并应对生产过程中的特殊性与不定性。公司以合作社的形式吸引更多的农户入社参与农业生产，或参加劳动雇工，并以收购协议、价值比例提成、雇工协议等方式，建立紧密的产民利益联结机制，把农业生产环节的效益尽可能多的留给农民。公司主要以农产品附加值提升部分的利益为效益，充分保障农民的农业生产利益，带动地方农民增收致富。这种发展模式使企业既容易得到当地农民的支持，特别是减少土地流转等方面的阻力，又容易得到当地政府的支持，进而获得多方面的政策扶持。

三、领头人吃苦耐劳的精神

农业是弱质性产业，具有生产周期长、自然资源依赖性强、自然风险抵御能力差、基础设施投资大、市场风险大、行业壁垒低、需求弹性小等特征。这些农业弱质性特征决定了农业创业领头人必须要有比其他产业创业领头人更加坚毅的精神。在董事长最早成立合作社之前，杉荷园是政府将村庄统一搬迁、土地统一流转后的一片荒地，没有任何基础设施。在什么都没有的情况下，董事长对所有事情亲力亲为。在施工遇到任何问题或困难时，他第一个冲在前面。例如，为保证园区桃树苗在炎热天气下的成活率，他带头浇水到晚上 12 点，比其他园区相同树苗的成活率高出 30%~40%。其吃苦耐劳的精神为其事业的成功打下了坚实的基础。

四、宽广的农民企业家情怀

利益至上一直是大多数企业的发展宗旨。但农业与工业不同，其进入门槛低，产品差异性小，极难在市场中占据绝对优势地位，且其本身是弱质性产业，生产周期长、环境影响大、回报见效慢，必须要以延长产业链条、拓展产业功能、开发产业新业态为基础，稳步扩大产业规模，同时兼顾并带动当地农业、农村、农民发展，才能形成可持续的农业经营规模经济与范围经济。董事长深刻明白这一道理，也具备宽广的农业企业家情怀。他以做精自己企业的农业产业为基础，走发展三产融合的道路，为农业产业经营搭建了稳固的平台，并在充分保障农民农业生产利益的前提下建立利益联结长效机制，不断吸引当地及外地农户参与农业生产，形成良性循环的产业带动效应，对当地农业农村发展起到良好的示范带动作用。

第四节　引导社会资本进入农业农村领域的政策措施

社会资本参与农业农村发展，除了在产业选择、产民利益联结及领头人毅力

和情怀等方面有所注意以外，在政策层面，还需加以引导和支持。

一、推进农业投入立法

《农业投入法》包括了农业投资主体确认、投资渠道、投资权限等更加细化的内容，这将为社会资本投资农业的主体、范围、权限制定提供参照与依据。在《农业法》的前提下，积极推动《农业投入法》立法工作，充分发挥我国农业投资制度的保障功能，完善农业投资立法的相关环境。通过《农业投入法》，依法划定投资范围和投资权限，确立有机组合的农业投资分工体系，形成一个多元化的农业投资新格局。防止社会资本投机圈占土地、套取补贴等行为发生。

二、创造良好的农业投资环境

一是要强化农村硬环境支持。硬环境条件的支持和改善，能够减少社会资本投资农业的先期垫付成本，降低其所付的隐性成本，加快社会资本投资农业农村发展的进程。二是推进农村金融改革与创新。改进对农业企业的金融服务，发挥政府投入的导向作用，逐步建立起多元化的农业投资体制。三是清理和修改不利于民间投资发展的法规政策规定。在制定涉及社会资本投资农业的法律、法规和政策时，要充分听取企业、农户的意见，培育和维护平等的投资环境。

三、完善农村社会保障体系

土地是社会资本投资农业农村发展的第一生产要素，土地也是农民生产生活的根本保障。受各方对土地利益博弈的影响，社会资本需要以相对较低的成本对土地进行长期大面积流转，而农民在面对长期“生活保障”不稳定的情形下，不放心对土地进行长期流转，这便阻碍了社会资本投资农业农村。因此，有必要弱化土地的保障功能，提升土地生产要素的经济属性。通过制定城乡一体化的社会保障体系替代农地的传统保障功能，降低农民对土地的依赖程度，解除农民流转土地后的后顾之忧，保障社会资本进入农业农村发展过程中的农地顺利流转。

四、建立土地流转风险保障金制度

农业是弱质性产业，社会资本投资农业农村发展过程中面临着政策风险、市场风险、经济风险等诸多不确定性，需要农业保险来加强保障。因此，在土地流转面积较大地区，可通过政府补贴等方式，鼓励建立土地流转风险保障金制度，以降低经营风险。

第四章

销售渠道导向、规模经济与组织模式创新的差异化

——基于灌云港丽农产品种植专业合作联社和昆山益群农产品有限公司的比较

蔬菜生产具有劳动密集型的特征，劳动力使用量大，对田间管理水平要求较高，需要在生产环节实现专业化生产和规模经济；同时，蔬菜主要通过鲜菜的形式进行出售，损耗大，容易腐坏，必须及时出售，因此在产品销售上需要有稳定的渠道。可见，蔬菜生产和销售的特性会对蔬菜产业组织的发展模式产生较大的影响。从笔者的调研中发现，目前销售渠道导向和专业化分工所导致的蔬菜产业组织发展模式主要有两种，分别是纵向协作一体化和横向联合一体化的模式。那么为什么在相似的销售渠道下，会形成两种不同的产业组织模式？在销售渠道导向、专业化分工基础上的规模经济如何导致了产业组织模式创新的差异化？本章通过对灌云港丽合作联社和昆山益群农产品有限公司的对比，探讨不同发展模式下蔬菜产业组织的销售渠道和专业化分工的不同特点。

第一节 蔬菜产业组织的基本特征

案例一：灌云港丽农产品种植专业合作联社（以下简称港丽合作联社）位于连云港市灌云县，成立于2016年，注册资金2 600万元，理事长2001年毕业于镇江医科大学，是名外科医生。2003年他辞去县人民医院外科医生工作在常州开了家药房，收入可观，掘得了人生的第一桶金。2008年，理事长回到家乡，成立了万顺农业发展有限公司，注册资本600万元，经营化肥销售、鲜花和药材种植、农副产品销售。2009年成立了“灌云县万连蔬菜专业合作社”，2016年，理事长又牵头成立了灌云港丽农产品种植专业合作联社，港丽农产品种植专业合作社联社下属11个专业合作社，涉及的主要农产品品种包括各类蔬菜、鸡蛋等。

港丽合作联社中的合作社成员并未采取入股的方式组建合作联社，主要运营

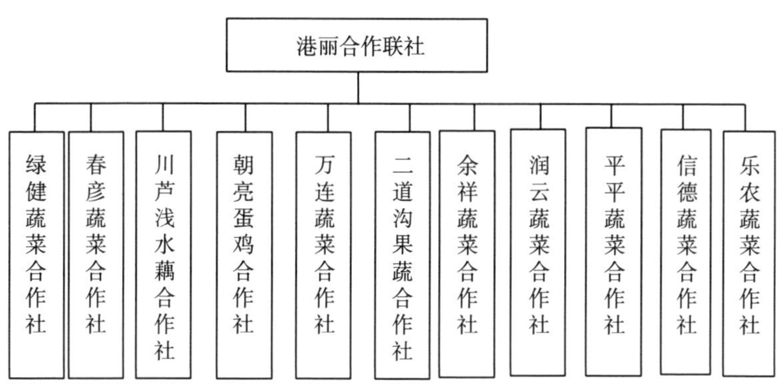

图 4-1　港丽合作联社的组织架构

模式是以万连蔬菜专业合作社为核心，通过校企对接订单向各合作社进行采购，港丽合作联社的实际负责人万连蔬菜合作社理事长占有合作联社中的全部股份。各个合作社与港丽合作联社之间的关系是产品惠顾的关系，按农产品交易量进行核算。合作社成员的经营规模在 650～3 500亩（15 亩＝1 公顷，下同）不等。从各合作社经营的主要农产品品种来看，既有同质产品，又有互补产品。总体来说，港丽合作联社的成员之间虽然规模异质性不强，但股权异质性很强，理事长占有港丽合作联社的全部股权。

案例二：昆山益群农产品有限公司（以下简称益群农产品有限公司）是江苏省农业产业化重点龙头企业，位于江苏省昆山市。前身是总经理创办的副食品综合经营部。总经理 1987 年开始做冷冻副食品，随后小门店慢慢发展壮大，逐渐形成了一个规模较大的副食品综合经营部，在此基础上成立益群农产品有限公司。目前公司下属有两个组织和一个基地，下属组织分别是益杨果蔬合作社和益谊现代农业科技有限公司。益杨果蔬合作社由公司牵头，周边种植户共 5 户参加合作社，公司出资 20 万元，其他 5 户种植户共出资 10 万元。益谊现代农业科技有限公司是一个占地 1 000亩的蔬菜产业园，总资产为 2 000万元。公司总共有 400 亩种植基地，由益群农产品有限公司直接负责管理。2017 年益群农产品有限公司全年营业额为 1.04 亿元，纯利润为 430 万元。公司配送的蔬菜 20%来自于基地，80%来自于海门、海安等地的生产基地和农户。

第二节　蔬菜产业组织的生产和销售模式对比

港丽合作联社和益群农产品有限公司既在销售渠道和专业化分工上相同之处，又在整体运营模式上存在较大差异。

一、两者之间的相同之处：销售渠道和专业化分工

一是港丽合作联社和益群农产品有限公司的销售渠道均以企事业单位的食堂配送为主。港丽合作联社是在万连蔬菜合作社的基础上，联合灌云县当地 10 家合作社，通过“农校对接”向中小学校食堂进行蔬菜供应。合作联社通过开展农校对接，扶持农产品直销，既稳定了成员合作社的农产品销售渠道和价格，又可减少流通环节，降低学校食堂的采购成本。益群农产品有限公司的销售对象是昆山市 70 余家企事业单位，为了提高果蔬和禽肉类等农产品的配送效率，公司根据 70 余家企事业单位的分布区域，设置 4 个销售组进行配送。

二是港丽合作联社和益群农产品有限公司均采用了专业化分工的生产模式。港丽合作联社是 11 个合作社的联合，在生产环节实现了专业化分工。益群农产品有限公司设置了生产技术部，对下属的 1 个果蔬组和 8 个蔬菜组进行管理。生产技术部负责人为经理，9 个生产组分别设置组长，组长和雇工均根据任务完成情况领取固定工资。益群农产品有限公司采用的统一生产方式，虽然也实现了专业化分工和标准化生产，但是管理形式松散，有效激励不足。

二、两者在发展模式上的差异：一体化模式的不同选择

港丽合作联社和益群农产品有限公司的差异在于，港丽合作联社实现了横向一体化的发展模式，益群农产品有限公司的发展模式采用的则是纵向一体化发展模式。见图 4-2。

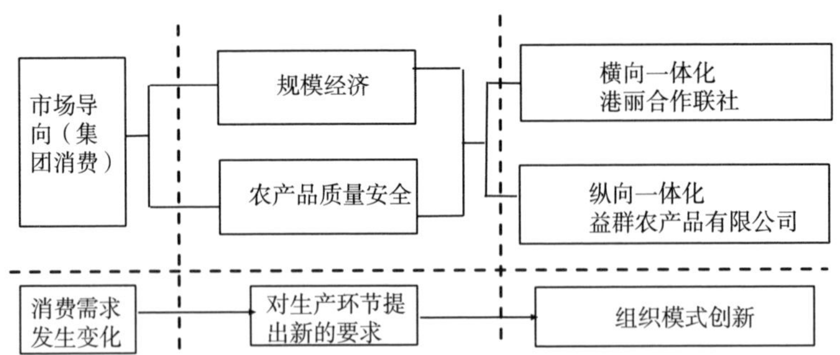

图 4-2　销售渠道导向、规模经济与组织模式创新

农民专业合作社是农民为了提高市场谈判能力，降低竞争风险，实现资源

的有效配置而自发形成的不同于公司和市场的组织形式。但由于我国农户规模普遍偏小，市场竞争又日趋激烈，即使农民通过合作社的形式组建起来，规模仍然偏小。因此农民专业合作社需要通过横向合作来实现规模经济提高市场竞争力。专业化生产为农民专业合作社的横向“再合作”提供了一定的合作基础。不同的农民专业合作社生产的农产品品种既有互补性，又有同质性，在有效利用农产品季节性收获特点和轮作优势的情况下，既能满足学校食堂需求，还在一定程度上实现了农产品的可追溯，保证农产品质量安全。合作社的“再合作”形成的合作联社，意味着在专业化生产的基础上形成了“横向一体化”的规模经济。

益群农产品有限公司拥有较为稳定的企事业单位配送渠道。企事业单位的配送既要保证供货数量，又要保证供货质量。销售渠道的变化带来了消费需求的变化，对益群农产品有限公司的生产环节提出了新的要求。益群农产品有限公司采用种植基地单元式生产的“纵向一体化”模式来满足集团消费者的需求。种植基地的开辟一方面起到公司对外宣传和展示的窗口的作用，另一方面也满足某些渠道对于较高农产品质量的需求。

第三节 蔬菜产业组织发展模式差异的原因分析

制度变迁理论认为，制度创新的动力基础是外部利润，只有在外部利润的不断累积下，才能诱使经营主体进行制度创新①。而交易成本理论认为企业是市场价格机制的替代物，企业存在的意义是为了节约市场交易成本，用成本较低的企业内交易替代成本较高的市场交易。企业规模的扩张将在企业组织交易所导致的组织成本等于其所节约的市场交易成本时停止②。制度变迁理论和交易成本理论诠释了本章案例中两种蔬菜产业模式发展差异的动因。

一、港丽合作联社采用横向一体化的动因

灌云县“农校对接”服务中心以灌云县农村合作经济组织联合为依托，以灌云港丽农产品合作联社为龙头，构建流通成本低、运行效率高、可追溯食品安全源头的农产品直供学校的服务体系，打造了一条农民专业合作社到学校餐桌的

① R·科斯，A·阿尔钦，D·诺斯．财产权利与制度变迁：产权学派与新制度学派译文集［M］．三联书店上海分店，1994.

② Williamson O. E. The Economic Institutions of Capitalism. Firms, Markets, Relational Contracting［M］. China Social Sciences pub, 1999.

"放心农产品直供链"。

（1）"农校连接"对农产品的多样化需求和质量要求是合作社联合的客观基础。"农校对接"的模式诱导了港丽合作联社的形成和发展。"农校对接"即是农产品生产主体与学校食堂直接对接，学校食堂需要什么，农民就生产什么，避免生产的盲目性，稳定农产品销售渠道和价格，还可减少流通环节，降低流通成本。正是由于"农校对接"模式能够节约流通成本，保证学校食堂食物来源的丰富性和质量安全，才给了灌云港丽合作联社以形成和发展的契机，是合作社再联合的客观基础。

（2）资源整合带来对交易费用的节约是促使合作社横向联合的根本原因。从港丽合作联社的成员来看，经营面积在650~3 500亩不等。不同的合作社经营的品种既有同质性，又有互补性，有利于学校食堂的需求和配送。如表4-1所示，港丽合作联社的合作社成员中，种植的相同品种包括茄子、西红柿、大白菜、娃娃菜、芦蒿、黄瓜、西兰花等，不同品种的包括西瓜、有机花菜、芸豆、土豆、浅水藕、芹菜、球形生菜、辣椒、冰草、黄豆等，另外还有能够供给鸡蛋的蛋鸡养殖专业合作社。同时，合作联社成员的领头人多为当地能人，企业家才能的聚合也会给合作社横向联合带来发展优势。

表4-1　港丽合作联社的合作社类型与成员构成

名称	地址	注册资本	成员构成	经营面积	合作社经营品种
灌云县万连蔬菜专业合作社	龙苴镇石门村	500万元		1 200余亩	芦蒿、番茄、冰草、黄豆、丝瓜、草莓
乐农蔬菜种植专业合作社	龙苴镇石门村	300万元	128人	2 200亩	西瓜、茄子、芦蒿、黄瓜、芸豆
信德蔬菜专业合作社	南岗乡许相村	200万元	84人	980亩	西红柿、茄子、芦蒿
平平土地股份专业合作社	侍庄乡瓦房村	600万元	32人	845亩	大白菜、浅水藕
润云土地股份专业合作社	图河乡	800万元	225人	3 500亩	西兰花、娃娃菜、球形生菜、大白菜、有机花菜
余祥蔬菜种植专业合作社	南岗乡许相村	500万元	16人	655亩	西红柿、茄子、芦蒿、黄瓜
二道沟果蔬种植专业合作社	小伊乡张葛村	300万元	65人	1 640亩	大白菜、芹菜、西兰花、娃娃菜、土豆
朝亮蛋鸡养殖专业合作社	龙苴镇龙苴村	1 800万元	26人		蛋鸡养殖、销售
川芦浅水藕种植专业合作社	伊芦乡	600万元	39人	1 985亩	浅水藕及龙虾套养

续表

名称	地址	注册资本	成员构成	经营面积	合作社经营品种
春彦蔬菜专业合作社	杨集镇孙艞村	300 万元	56 人	650 亩	芹菜、小青菜、茄子、占瓜
绿健蔬菜种植专业合作社	龙苴镇石门村	900 万元	132 人	1 380 亩	大白菜、西红柿、辣椒

（3）万连蔬菜合作社是保证合作社再联合的载体和平台。万连蔬菜合作社的理事长受到国家有关部委 2009 年倡导的全国高校后勤“农校对接”项目启发，希望通过自己努力，在学校和农民之间搭建平台，帮助解决学校食堂采购的“买难”和农民的“卖难”问题。进而联合了县内 10 家种养殖合作社组建港丽农产品合作联社，并通过灌云县供销合作社向教育主管部门提出倡议。由于港丽合作联社是理事长牵头成立的，因此其领导的万连蔬菜合作社成为了“农校对接”和合作联社之间的核心平台。理事长领导下的万连蔬菜合作社自身发展势头良好，在生产过程中，不使用化学肥料及农药，留意口感，创建自主品牌，建立农产品质量追溯体系，注册了“蔓蓝”牌商标。使用滴灌节水控肥，多层覆盖提早上市等新技术，提升种植水平，增加产值，使社员亩均纯收入达 16 000元以上。

二、益群农产品有限公司采用纵向一体化模式的动因

（1）良好的地理区位优势是益群农产品有限公司采用纵向一体化模式的客观条件。与港丽合作联社不同，益群农产品有限公司位于昆山市城郊地区，区位优势明显。尽管益群农产品有限公司和港丽合作社的销售渠道均为食堂配送，但相对于学校的食堂配送来说，企事业单位对于产品的多样化需求更多。同时，在经济相对发达的地区，市场条件完善，合作社较难以形成，公司与公司之间也不太容易开展合作。因此，在内部延长产业链成为益群农产品有限公司的选择。

（2）可复制的内部单元式管理模式减少了交易成本是益群农产品有限公司采用纵向一体化模式的根本原因。益群农产品有限公司成立十年，已经摸索出一整套单元式管理模式。尽管该管理模式较为粗放，但是已经形成了一套可复制的经验。单元式管理模式通过控制农业投入品保证了农产品质量，通过对组长的考核来保证每个单元生产的最低产量。由于该模式能够保证公司产品的质量和数量，益群农产品有限公司通过建立益谊公司创建更多的生产单元来实现规模经济。

第四节　讨论与启示

一、讨论：不同一体化模式的适用条件

从本章的两个案例来看，横向一体化和纵向一体化的两种模式均实现了规模经济，不仅保证了供货量，也在一定程度上保证了农产品的质量。尤其是港丽合作联社的运营模式不仅解决了学校食堂的蔬菜禽肉的配送问题，而且有效了解决了成员合作社销路，减少了学校和农户的交易成本。对于蔬菜生产来说，采用横向一体化的策略还是采用纵向一体化的策略来实现规模经济首先都要在生产环节实现专业化分工，在此基础上还取决于以下几个因素。

一是市场条件和区位优势。当蔬菜产业组织位于经济相对欠发达且交通运输成本较高的地区时，由于蔬菜的易腐性等原因，需要有更稳定的销售渠道才能保证蔬菜产业组织的利润来源。此时更容易形成横向的一体化模式而非纵向一体化模式。当蔬菜产业组织位于经济相对发达且交通便利的地区时，由于交易成本和流通成本较低，则更易采用纵向一体化的形式实现规模经济。

二是蔬菜产业组织自身的定位与内部管理。当蔬菜产业组织以合作社的形式出现时，通常是因为资源和能力相对缺乏才采用了合作社的形式进行生产经营，在市场的导向下，更易采用横向联合的方式；当蔬菜产业组织以企业的形式出现时，通常是企业家才能和资本较为丰富的情况下形成了企业的形式，当销售渠道发生变化时，也更愿意采用内部纵向一体化的形式。尽管益群农产品有限公司的负责人表明公司采购的农产品有 80%都是从外部采购的，但同时他也表明，今后的供货来源还应以自有基地为主。

三是政策因素和产品质量的双重要求。港丽合作联社面对的是灌云县的中小学校，益群农产品有限公司的供货对象则是企事业单位。相对来说，中小学校对于产品质量的要求更高，更注重产品的可追溯性。同时，农校对接的牵头单位是供销社，较强的政府背景意味着对当地产业的拉动。基于政策驱动和产品质量的要求，合作社更倾向于在本地区寻求横向的合作。益群农产品有限公司的销售渠道更多的来自于自我开拓，政策因素较少，配送对象主要为一般的企业、事业单位，对产品质量安全的要求比中小学要稍低一些，因此益群农产品有限公司目前更倾向于采取从外部采购和内部基地共同供应的方式。但随着企事业单位对于农产品质量的不断关注，外部大量采购农产品，需要进一步加强对产品质量安全的把控。

二、启示

采用横向一体化模式扩大规模经济，要注重治理结构的建设。从港丽合作联社来看，由于成立的时间较短，整体运营是由万连蔬菜合作社为主导。港丽合作联社事实上成为了万连蔬菜合作社的采购平台，其他成员合作社可能缺乏谈判能力和话语权。港丽合作联社实际上实现的功能是农产品调度功能，当学校食堂需要采购某种农产品但万连蔬菜合作社又无法提供时，才会向合作联社下属的各个合作社调度产品，调度的价格目前也以市场价格为主，还未建立有效的交易量返还机制。类似于港丽合作联社这样的合作组织如果要进一步发展，还需要注重治理结构的建设，与下属合作社建立更为紧密的利益联结关系。

采用纵向一体化模式扩大规模经济，要注重生产单元与公司之间的紧密联系，积极进行内部管理制度创新。从益群农产品有限公司来看，虽然纵向一体化的方式保证了公司对农产品质量和数量的有效控制，但是随着规模的不断扩大，管理效率可能还会降低。同时，由于对组长的考核和管理是以最低产量为主，无法对生产的数量和质量产生激励，对于公司的长足发展可能会形成阻碍。因此，如果要采用类似于益群农产品有限公司的纵向一体化模式，还需要积极进行内部管理制度创新。

第五章

蔬菜合作社产地市场培育与驱动机制研究

——基于东海县北芹蔬菜专业合作社与灌云县乐农蔬菜种植专业合作社的分析

自2007年7月1日《中华人民共和国农民专业合作社法》颁布以来，合作社作为农民农业生产经营的一种重要组织形式在中国农村迅速推广开来。据相关部门统计，2015年年底工商部门登记的合作社数量达153.1万家，合作社成员达10 090万户，并且主要以产销类合作社为主①。面对农民专业合作社的快速增长，许多现实问题不断显露，主要表现为合作社如何在对接市场、提高小农户在市场中的谈判能力、提升农产品销售能力方面发挥更好作用？许多经验研究表明，市场是商品农业发展的必备条件，发达的农业必须有发达的市场体系作支撑，尤其是产地市场，是制约农业生产区域化、商品化和现代化的关键②。那么，假设合作社培育自己的产地市场，是否就能够实现销售能力的稳固与提升？这有待理论研究与实践生产的进一步检验。本章以东海县北芹蔬菜专业合作社与灌云县乐农蔬菜种植专业合作社两家带有产地交易市场的合作社为代表，通过剖析合作社的运营特征及其产业价值链中的利益联结机制，研究产地市场培育对农民专业合作社发展的重要意义，为我国农民专业合作社的进一步发展提供参考。

第一节　合作社基本特征与运营模式

一、东海县北芹蔬菜专业合作社

（1）合作社基本特征。东海县北芹蔬菜专业合作社（以下简称北芹蔬菜专业合作社）建设地址位于桃林镇北芹村，创建于2008年4月，注册资金329万元。由理事长等菜农联合创办，现有合作社成员580户，全部以货币资金入股，

---

① 应瑞瑶，朱哲毅，徐志刚．中国农民专业合作社为什么选择“不规范”［J］．农业经济问题，2017（11）：4-13.

② 杨启荣．大力扶持产地市场建设尽快完善农产品市场体系［J］．中国农村经济，1999（6）：19-22.

股金从 1 000~70 000元不等。其中核心成员 8 人，为合作社的主要发起人，也是村里的主要蔬菜种植大户及村干部，占股 30%，普通成员 572 人，为普通蔬菜种植户，占股 70%。合作社现拥有 1 500多栋温室大棚，每个大棚占地面积约 5 亩或 8 亩。2012 年被农业部授予“全国农民专业合作社示范社”。

合作社的组织架构包括育苗基地、生产基地和交易市场。育苗基地由合作社和理事长共同投资建立，其中合作社投资 35 万元，占股 30%，理事长投资 81.7 万元，占股 70%，育苗基地主要为生产基地提供蔬菜种苗。生产基地即为合作社成员种植的 1 500栋大棚，占地 5 000多亩，以北芹村为核心基地约 4 600亩，辐射带动周边南芹村 200 亩和桃北村 200 亩，主要以西红柿与西葫芦轮作为主。交易市场共 3 个，由合作社先后出资建设，合计占地面积 15 000平方米，为地区重要的西红柿与西葫芦交易市场，主要为生产基地每日生产的 5 万千克左右蔬菜提供交易平台（图 5-1）。

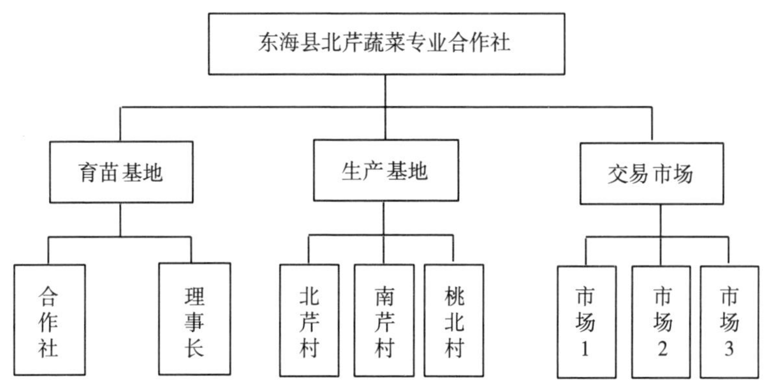

图 5-1 北芹蔬菜专业合作社的组织架构

（2）合作社运营特征。北芹蔬菜专业合作社的运营特征既有专业化分工，又有纵向协作，两者相辅相成，共同促成合作社的有序运营。合作社的专业化分工表现为“五个统一”，合作社的纵向协作表现为“五个统一”的紧密联结。

“五个统一”的具体措施表现为：

一是统一规划筹建。合作社目前拥有蔬菜生产基地 5 000多亩，土地由村集体统一流转，再由村集体流转给蔬菜种植大户，村集体不赚取任何租金差价。一方面保障了土地经营权的稳定流转，另一方面实现了生产基地土地的高度集中。蔬菜种植所需的温室大棚，由合作社统一规划筹建，建设统一的高质量标准棚，为合作社蔬菜的标准化种植奠定基础。

二是统一育苗购苗。合作社拥有自己的蔬菜育苗基地，专门为生产基地提供当季种植所需的蔬菜苗，培育的品种为近些年已在基地实现稳产稳收的品种，净利润为 0.1 元/株。但目前，该育苗基地培育的菜苗仅能供 200 亩种植，仍有较大部分需要从外地采购。育苗基地培育的菜苗和外购的菜苗品种与品质高度一致，这为合作社后期扩大育苗规模、实现全面统一育苗提供保障。

三是统一技术管理与农资采购使用。合作社实行专人管理、统一供应调配。合作社成立以来，始终坚持“质量安全第一、技术服务第一”的办社宗旨。不断加强与县农业局业务技术部门经管站、农技站、植保站的联系，对产业化种苗选育、大棚蔬菜的肥水管理、病虫害防治等均按统一技术规范进行选作实施，实现蔬菜标准化种植，提高蔬菜产量与品质。且合作社蔬菜通过产地认证为无公害蔬菜产品，注册商标为“北芹口”，使北芹蔬菜有了一个明确的身份，为北芹蔬菜销往全国各地提高市场竞争力。

四是统一销售。合作社对种植户生产的蔬菜进行统一销售。种植户把生产的蔬菜运到合作社进行质量检测、称重、开票，合格的蔬菜被留在合作社的交易市场中，由合作社负责联系外地商贩进行销售，每千克提取 0.06 元作为工资及服务管理费，价格随行就市，以最高价出售，卖高卖低都是农户的，不存在从中谋利的现象，种植户只需第二天凭票过来领钱即可。合作社所有的开支有监事人员监督，当月公布，杜绝商贩上门垄断压价的现象，掌握了市场价格的主动权。既让商贩有货拉、有钱赚，同时也解决了农户销售难的后顾之忧，保障了种植户的利益。种植户则只需一心一意管理好自己的大棚，保证蔬菜生产质量即可。

五是统一开拓市场。合作社平均每天的蔬菜产量为至少 5 万千克，为了确保这些蔬菜能够及时销售，实现种植户与合作社的双赢，合作社与国内多家企业、批发市场建立了良好的业务关系，并对生产出来的蔬菜品质与品相进行严格把关，尽可能提高蔬菜产品的市场价值。目前，通过实践运作，合作社已拥有健全的营销网络，蔬菜产品销往浙江、安徽、山东、天津、河北、黑龙江等多个省份。

“五个统一”的联结关系表现为：统一规划筹建、统一育苗购苗、统一技术管理均为了一个共同的目的，即实现基地的标准化生产，保障基地产品的品质，提高基地产品的价值。同时，统一规划筹建与统一育苗购苗也是为了更加高效地实现统一技术管理；而统一销售和统一开拓市场是为了更好地实现标准化生产产品的市场价值，稳定与保障基地种植户和合作社的经济效益。

（3）合作社产业价值链利益联结机制。根据产业价值链“微笑曲线”理论，产品的高附加价值在于产品前期的研发与后期的服务。北芹蔬菜专业合作社的产业价值链可用图 5-2 来表示。

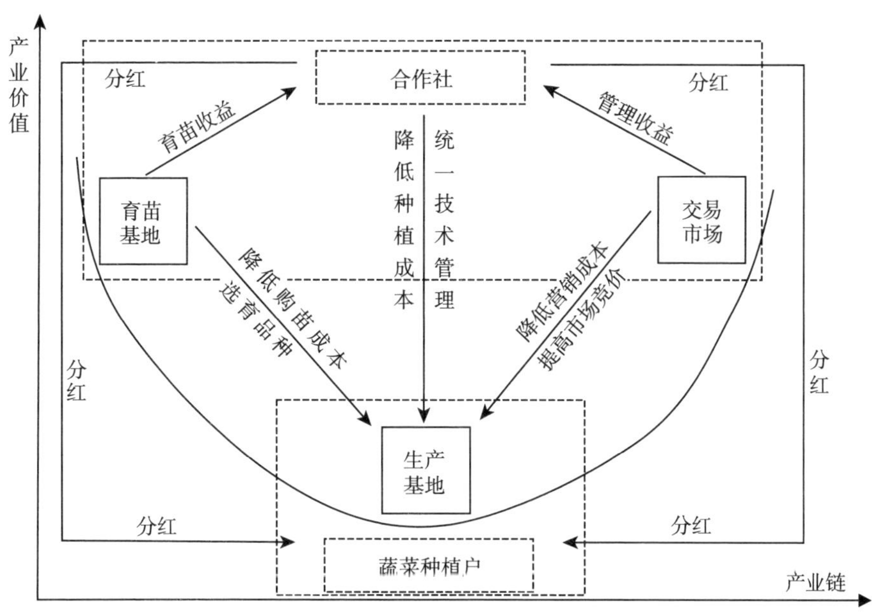

图 5-2　北芹蔬菜专业合作社产业价值链及利益联结

北芹蔬菜专业合作社产业价值链的主体构架由育苗基地、生产基地和交易市场组成。育苗基地与交易市场位于产业价值链中高附加值的两端，生产基地位于产业价值链中低附加值的底端，三者构成“产前—产中—产后”一个完整的“微笑曲线”，为合作社产业价值的创造奠定基础。首先，育苗基地为生产基地选育优良品种并提供育苗服务，并且，由育苗基地提供的菜苗，中间没有运输费用，可为蔬菜种植户降低购苗成本。其次，交易市场为生产基地产品的销售提供平台，并对产品质量进行严格检测把关，再按照随行就价的方式进行销售，在保障蔬菜种植户根本利益的同时，采用市场竞争手段，激励蔬菜种植户严格按照蔬菜种植技术规范进行生产，在降低种植户营销成本的同时，以品牌品质优势提高农产品的市场竞价，为种植户争取了更多的市场利润。总而言之，育苗基地和交易市场的存在主要为生产基地降低成本提高效益。最后，生产基地蔬菜种植户接受合作社的统一技术管理与农资采购使用服务，降低生产资料等投入成本，进一步提高合作社蔬菜种植户的收益。合作社的收益主要来自对交易市场的管理服务费用及少部分育苗利润，管理服务费按每千克蔬菜 0.06 元标准收取，主要用于维持合作社的日常运营，此外盈余利润在提取公积金后通过股份分红的形式分给社员。综合以上多条利益链，合作社产业价值链的构建很大程度上提高了社员的收入水平。

二、灌云县乐农蔬菜种植专业合作社

（1）合作社基本特征。灌云县乐农蔬菜种植专业合作社（以下简称乐农蔬菜种植专业合作社）成立于2012年，位于灌云县龙苴镇石门村，实际注册资金100万元，理事长出资30万元，占股30%，其他9位核心成员出资70万元，占股70%。但事实上，该100万元注册资金并未在合作社实际运营过程中使用。目前，合作社办公用房是理事长自己的房子，是其在被当地政府招商过来时，在撂荒地中自己建立的住房，没有实际产权。社员土地流转、设施设备、农资等种植投入均由社员自己负责，合作社只负责对社员的生产进行技术指导，技术来源主要是理事长等核心社员多年来累积的种植经验以及农科院所等科技服务单位。合作社对社员生产的农产品组织统一销售管理，在生产环节没有资金流，社员年底没有分红。

合作社成立初期，注册社员共10户。为了扩大销售规模，形成规模化的产地批发市场，降低交易成本，合作社广泛吸纳社员（后加入的社员不需要出资）。目前，合作社社员达64户，合计经营日光温室110栋。理事长自己经营6~9个棚（30亩地），其他社员平均经营2~3个棚（约10亩）。并陆续带动周边60户农户，主要种植品种为番茄和芦蒿，形成专业化、规模化生产，最后由合作社建立产地批发市场，统一销售。

（2）产地批发市场的形成与合作社运营特征。乐农蔬菜种植专业合作社产地批发市场的建立离不开理事长的能人带动作用。理事长家庭有种植番茄的传统，具有成熟的番茄种植技术。2003年，灌云县龙苴镇镇政府通过招商引资将其引入，承包30亩流转土地进行蔬菜种植，并免去其前三年的土地租金，第四年开始按照100元/亩的流转价格持续租赁15年，计划将其作为蔬菜大棚种植示范户，带动当地农民调整种植结构，种植大棚蔬菜，增加农民收入。但受传统种植习惯与保守的风险意识影响，当地农户并不看好蔬菜大棚种植，宁愿土地抛荒也不愿意种植蔬菜大棚，甚至有意阻挠。在此背景下，理事长仍然坚持番茄大棚种植，到收获季节，自己趁天黑用三轮车将番茄运到市场销售。凭借着其成熟的番茄种植技术及其对番茄品质的严格把控，番茄销路越来越好，口碑越传越广，陆续有商贩到田头收购。番茄种植的效益开始刺激着当地农户尝试种植。同时，为扩大销售规模，稳定销售市场，理事长也不断介绍自己的亲戚朋友前来种植番茄，也帮助周边农户种植番茄。在此基础上，理事长联合其他核心成员组织成立合作社，进行无偿的技术指导，保障产品质量，逐渐形成地区专业化、规模化番

茄种植基地，吸引更多的大小商贩前来批发采购，形成规模化的产地批发市场。目前，蔬菜种植户每亩大棚的年收益在 3 万~4 万元之间，远高于粮食种植收益。

合作社产地批发市场的运营主要采用“商贩+合作社经纪人+基地农户”模式。商贩自带蔬菜采购筐，通过与合作社经纪人联系前来采购；合作社经纪人负责协调商贩与基地农户之间的蔬菜交易；基地农户随行就市销售蔬菜，承担商贩采购量的蔬菜采收与装车。其中，合作社收取商贩每千克 0.04 元的交易管理费用，并从中为经纪人每人每天支取 50 元的劳动报酬。由于经纪人主要负责协调买卖秩序，专业化程度不高，因此，主要为合作社社员，并非固定人员。如此，还能进一步整合劳动资源，提高劳动力报酬。而合作社收取的市场交易管理费用，扣除合作社管理成本后，则主要通过统一的“农资采购-发放”形式，平均回馈给合作社农户，进一步增加合作社社员的归属感，稳固合作社成员关系。

第二节　合作社产地市场培育的效用评价

基于合作社基本特征与运营模式分析发现，北芹蔬菜专业合作社的发展壮大主要依托产地市场培育，而乐农蔬菜种植专业合作社的发展壮大促成了产地批发市场的形成。前者先培育产地市场，后者先发展的是生产基地。但不论是先培育产地市场，还是后发展的产地市场，两者对合作社发展的效用是一致的。

一是依靠市场竞争，提高合作社农产品质量。农产品质量包括内在质量和外在质量。内在质量主要通过科技进步来实现，外在质量主要依靠产后加工与处理来实现。合作社本身就有进行科技服务与推广的职责，对农产品内在质量的提高有一定的内在要求，但驱动农产品内在质量与外在质量的提高，仍需要市场行为来激励。产地市场的培育，一方面通过设定市场进入门槛可有效控制农产品的质量，另一方面通过价格竞争可有效激励农产品质量的提高。因此，合作社产地市场的培育对农产品质量的提升具有显著的促进作用。

二是保障销路，建立合作社卖方市场地位。在蔬菜产业全国性大生产、大流通、大市场格局下，加快产地市场发展是解决农产品“卖难”最有效、最长久的方法①。加快产地市场发展，能有效提高农产品的流通效率，降低农产品的运销成本，提高农产品的销售收益。并且，当产地市场达到一定规模、形成一定品牌时，将会产生巨大的市场效应，吸引全国各地更多的采购商前来竞价收购。合作社若能在为社员提供产销等服务的同时，培育起自己的产地市场，将会在有效

① 杨启荣．大力扶持产地市场建设尽快完善农产品市场体系［J］．中国农村经济，1999（6）：19-22.

保证社员产品销售的同时，掌握产品市场竞价权，逐步建立起合作社一致对外的卖方市场地位，为合作社的进一步发展扩大提供良好的市场环境。

三是扩大社员农民就业，盘活合作社运营。产地市场类似于一个商业活动中心，能创造和容纳大量的就业。合作社培育的产地市场，不仅能为社员农民提供产品销售平台，还能为社员农民提供就业岗位。主要包括市场的管理者、农产品的经纪人、搬运工、包装工与装车工等，多渠道增加社员农民收入，同时也能增加合作社的运营收入，从而实现社员与合作社双赢，协同盘活整个合作社运营。

第三节　合作社产地市场培育驱动机制

基于上述合作社产地市场培育分析发现，合作社产地市场培育的驱动机制可归纳为以下三个方面。

一是良好的产业基础。良好的农业产业基础是合作社产地市场培育的前提。产地市场之所以能够吸引全国各地的采购商前来竞价收购农产品，主要原因是其农产品生产规模足够大（尤其是针对相对单一品种种植），而且品质稳定，且具有良好的市场口碑，在市场中形成一定的影响力，使零售商在零售市场中有一定的竞争力。如此，形成一个长期稳定的良性循环链条。该循环链条的核心价值是优质的农产品，基本表现形式是形成规范的产地批发市场。

二是能人的示范带动。领头人是合作社产地市场培育的主心骨。当前，我国农民素质普遍偏低，市场信息获取普遍滞后，且创新意识薄弱，风险偏好低。任何一种农业生产组织形态的形成均离不开能人的示范带动。农民只有在切切实实看到收益的前提下，才会真正地参与到组织化的生产当中来，从而形成一定的规模化与规范化生产，并逐渐培育起稳定的产地市场。

三是良性的利益驱动。良性的利益驱动是稳定合作社产地市场发展的长久动力。表现为三个方面：一是合作社与农户之间的利益驱动。合作社与农户建立紧密的利益联结机制，将合作社的利益与农户的利益进行捆绑，确保农户生产的合格农产品只有在产地市场进行销售时利润最大，进而保障产地市场合格农产品的长期有效供给。二是合作社与采购商之间的利益驱动。合作社制定规范的市场交易程序进行市场秩序维护，对农产品质量进行严格把关，为采购商提供公平公正的便捷服务，并从中收取一定的服务费用，维护产地市场与采购商间的长期稳定合作关系。三是领头人的利益驱动。领头人的素质决定了合作社产地市场的发展前景。领头人具有一定的社会资本和人际关系网络，带动产业发展、带领农民增收也需要一定的利益驱动，该种利益驱动除了领头人自身社会价值得到体现外，

还有经济利益的驱动。如北芹蔬菜专业合作社理事长持有合作社育苗基地70%的股份，其为合作社提供育苗服务的同时，也给自己带来一定的经济利益，且其妻子经营农资店，也受其产业利益共同体的影响，增加农资店的信誉度，从而增加农资销售收入。乐农蔬菜种植专业合作社理事长经营大棚保温被，随着合作社规模的扩大，也为其大棚保温被提供了市场空间。

第四节　启示与借鉴

上述案例分析显示，产地市场培育是蔬菜合作社发展壮大的有效途径，尤其是对欠发达地区离销地市场较远且专业化生产较强的蔬菜合作社。一方面，蔬菜保鲜期短，需要及时销售，产地市场的培育能有效缩短蔬菜从田头到各大零售市场的时间，保障蔬菜销售渠道畅通；另一方面，蔬菜等农产品的市场价值本就不高，菜农的收益十分有限，长距离的运输会造成很高的损耗率，极大地损害菜农的利益，急需产地市场进行就地销售。因此，合作社培育自己的产地市场不仅能保障菜农的根本利益，充分体现合作社的效用，还能在一定程度上扩大合作社的规模，使更多的种植户获利，这对当地农业农村农民的发展意义重大。关于合作社产地市场的培育，政府还应从以下方面做好政策保障。

一是结合相关部门，搞好市场规划。产地市场培育对农业产业发展起到至关重要的作用，但不能盲目建设。应结合区域特点与产业规模，制定区域农产品产地市场发展规划，按照农业的区域分工与生产布局，指导合适的产区建设相应的市场。

二是制定产地市场培育相关法规政策。目前，我国关于产地市场培育的法律、法规及政策仍不健全，需在完善与修订合作社法的同时制定相应的农产品批发市场法规；同时，根据产地市场特征，因地制宜制定相应的用地、用电、税收、贷款等方面的优惠政策，鼓励培育产地市场。

三是增加政府财政扶持。加大政府直接投入和扶持力度，把产地市场建设作为一项公益基础设施，纳入农业基础设施建设规划。运用财政贴息、税收调节等手段加大对产地市场建设的投入，如支持市场基础设施、配套的保鲜冷库等建设。

第六章

基层政府领办合作社中的多重委托代理关系

——以常熟市横塘蔬菜专业合作社为例

当前城市化进程的不断加快，农村劳动力转移就业引起的耕地闲置和土地利用效率不高的问题，需要通过土地流转和规模经营加以解决。同时，都市消费者所需的生鲜蔬菜需要通过集约化生产来保证。此外，江苏省尤其是苏南地区农村集体经济发展具有较长历史，积累了丰富的经验。近年来在苏南一些市县，为确保本区域内的蔬菜生产与供给，基层政府往往通过牵头领办农民专业合作社的方式来实现生鲜蔬菜的规模化经营，保证对都市蔬菜供应，实现集体经济的保值增值。然而，现有研究对于政府是否应介入农民专业合作社的形成和发展持不一致的态度。有的研究认为，农民合作社在产生和发展初期对政府有较强依赖性①，基层政府适时介入并通过某个中介性机构或代理人充当大户角色，能促使同质性农户在政府代理人引导的情况下有效地缔结合作经济组织②；农民合作社与政府之间存在着不对称的相互赋权关系，政府拥有较大的干预优势和作用空间③。但也有研究认为，政府不应过多干预农民专业合作社的经营，政府规制和外部条件改善是合作社健康和规范发展的根本④；政府的支持和优惠政策应向综合型合作社倾斜⑤。

现有文献为本章研究基层政府领办合作社中的研究提供了丰富的基础，但关于基层政府与合作社之间的关系仍有以下问题值得关注：基层政府领办的农民专

---

① 赵玉石，刘亚娜．新型农村合作社发展中的乡镇政府角色与行为困境［J］．社会科学战线，2018（3）：198-201.

② 邓宏图，鹿媛媛．同质性农户、异质性大户、基层政府与合作社——经济解释与案例观察［J］．中国经济问题，2014（4）：88-97.

③ 徐旭初．农民合作社发展中政府行为逻辑：基于赋权理论视角的讨论［J］．农业经济问题，2014（1）：19-29.

④ 崔宝玉，刘峰，杨模荣．内部人控制下的农民专业合作社治理——现实图景、政府规制与制度选择［J］．经济学家，2012（6）：85-92.

⑤ 李云峰，李如意，李录堂．农民专业合作社与基层政府承担乡村建设的进化博弈分析——基于乡村治理视角［J］．新疆农垦经济，2016（4）：40-45.

业合作社中存在着怎样的委托代理关系？治理机制和运行绩效如何？要实现可持续发展又将面临哪些困境？常熟市碧溪新区的横塘蔬菜专业合作社由基层政府主导成立，同时又具有农技推广背景，无论在组织形式、内部治理还是服务功能方面都具有较强的代表性。本章以横塘蔬菜专业合作社为例，以委托代理理论为基础，分析基层政府与农民专业合作社之间的委托代理关系，以及合作社的治理、绩效和面临的困境，为促进相关主体合作、提高农民收入和实现都市农业的长足发展提供依据。

第一节 合作社基本特征

横塘蔬菜专业合作社成立于1998年，成立之初由横塘农产品产销公司以258万元全额注资。随着碧溪新区农业园区的建立，合作社的办公生产用房、水利设施包括泵房等、道路、水电等基础设施投资全部来自于农业园区下属的滨江农业科技有限公司，共计8 000多万元，其中2 000多万元用于合作社大棚建造。合作社主营业务为蔬菜种植和销售，也有少量水果、稻米种植；为成员提供农业生产资料的购买、技术和信息服务。目前合作社种植大棚蔬菜700亩，露地蔬菜2 300亩，优质水稻400亩。露地蔬菜以叶菜类为主，大棚则包括叶菜与茄果类蔬菜。合作社每年总产值为2 000万元左右，净利润为100万元左右。合作社注册时有社员8户，包括理事长、合作社党支部书记，4名村干部以及2户农户，但注册成员均没有实际出资。理事长和书记作为农技服务中心的退休干部和工作人员，工资和奖金等均由农技服务中心支付，4名村干部和2名农民均参加合作社劳动与管理，获得工资与奖金。目前合作社成员为52名员工和周边3个村等共数百名土地流转农户。员工由管理人员、物流中心驾驶员和蔬菜直营店营业员等组成。

第二节 合作社中的多重委托代理关系

委托代理理论中，多个委托人委托单一代理人的方式属于“共同代理”的范畴。单一代理人同时完成委托人委托的多项任务则被称为“多任务代理”①。本案例中，横塘蔬菜专业合作社既是代理人，又是委托人。作为代理人，他接受来自碧溪新区政府、镇农技服务中心和土地转出农户三方委托人的共同代理。作

① 刘有贵，蒋年云．委托代理理论评述［J］．学术界，2006（1）：69-78.

为委托人，合作社委托职业经理人即理事长进行经营管理。横塘蔬菜专业合作社中，多个委托人与代理人之间即形成了“共同代理”下的“多任务代理”关系。见图 6-1。

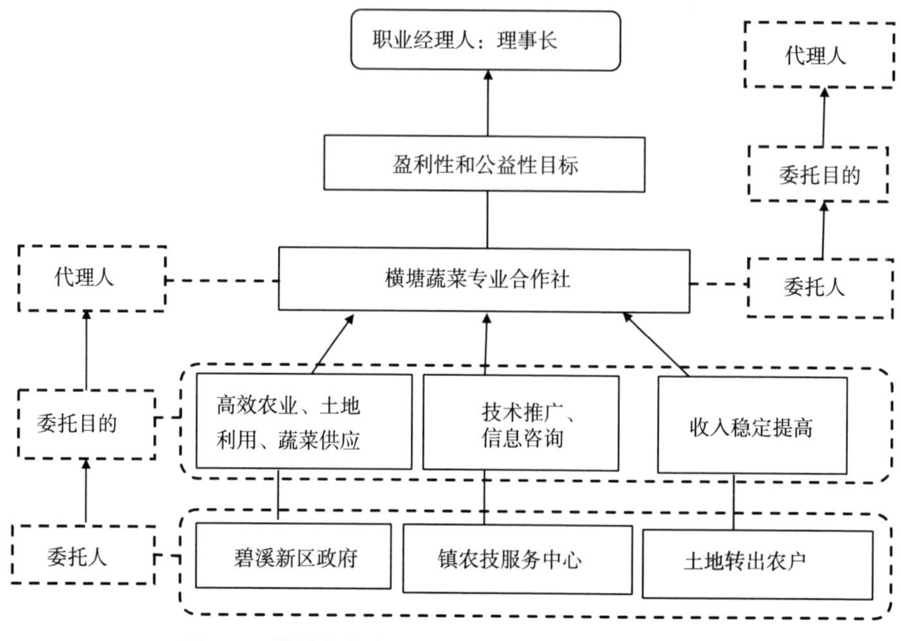

图 6-1　横塘蔬菜专业合作社中的多重委托代理关系

一是碧溪新区政府与合作社的委托代理关系。碧溪新区政府打造了碧溪新区农业园区，并全资成立了滨江农业科技有限公司。公司投资办公以及生产经营用房、大棚等，建成后无偿提供给合作社使用，合作社只需要支付日常运转的水电费、维修费，以及耗材等。碧溪新区政府通过滨江农业科技公司对合作社进行投资的目的在于实现高效农业、有效利用土地和保证蔬菜供应。碧溪新区政府与合作社之间形成了以实现高效农业、土地利用和蔬菜供应为目的的委托代理关系。

二是横塘镇农业技术服务中心与合作社的委托代理关系。横塘蔬菜专业合作社前身为镇农业技术服务中心成立的横塘镇无公害蔬菜生产基地，之后为适应基地市场化经营的需要又成立了横塘镇农产品产销公司，1998 年在常熟市农办的支持下，由横塘镇农产品产销公司全资成立了横塘蔬菜专业合作社。与此同时，合作社的理事长过去是农技推广中心主任。可见，无论是发起时还是现在，合作社都具有农业技术推广部门背景，也赋予了其农技推广的功能。基于以上多种因素，横塘农业技术服务中心与合作社之间形成了以技术推广与应用为目的的委托

代理关系。

三是合作社与职业经理人之间的委托代理关系。职业经理人是合作社聘用的经营者，其职责是通过经营管理保证合作社非盈利性目标和盈利目标的实现。作为基层政府政策目标的实施载体，合作社需要实现高效农业、生鲜蔬菜的供应和国有资产保值功能；作为镇农业技术服务中心发起成立的合作社，又需要实现农业科技转化与扩散的功能；作为土地入股农民的代理人，合作社又要具备保证农民收入稳定和土地价值增值的功能。合作社与职业经理人之间形成了盈利和公益性双重目标的委托代理关系。

四是土地入股农民与合作社之间的委托代理关系。随着滨江农业科技有限公司对合作社进行注资，与合作社成立之初相比，成员结构也发生了较大的变化，土地转出户成为合作社成员的重要组成部分。农户是承包土地经营权的所有者，其收益来自于承包期内土地经营权所得。横塘蔬菜专业合作社中，最初土地转出户只是拿固定租金，通过基层政府引导，土地入股农户以承包地经营权作为资产入股方式加入合作社。农户委托合作社的目的是有效利用土地资源，保护成员土地权益，增加农户的土地增值收入。土地入社农户与合作社之间形成了以增加农民收入为目的的委托代理关系。

第三节　委托代理关系下合作社的运营、治理和绩效

在多重委托代理关系下，合作社必须要实现多重功能。合作社采用了“片区生产+产量包干+统一销售”的运营模式，并通过能人治理的方式，实现了既定的委托代理目标，取得了一定的绩效。

一、运营模式

一是片区生产。生产共分八个区片，蔬菜种植品种、农资供应、技术指导实行“五统一”，由合作社统一调配与安排。每个片区由2~3名管理人员负责总体管理、技术指导与来往账目管理等。管理人员主要是离任村干部和农技服务中心退休职工。

二是产量包干。每个片区独立进行生产管理，单独结账。每年确定每亩净利润指标，超额完成指标给予适当奖励，未完成者则相应扣发奖金。

三是创建品牌，统一销售。合作社注册了“滨江绿”蔬菜品牌，目前有3个经过认证的绿色产品。合作社将各片区生产的蔬菜进行统一销售，销售渠道有8个：一是拥有5个直销店，价格低于普通农贸市场；二是供应市内外配送公司

(中心)，销售价格高于市场价格的20%；三是定点供应常熟市机关食堂等团体客户，配送价格高于市场价的20%；四是供应苏州市农贸市场，按市场批发价出售；五是在常客隆超市开设销售柜台出售合作社蔬菜，价格一般高于市场批发价的20%；六是供应常熟市教育局后勤保障公司；七是少量礼品蔬菜，售价高于市场批发价50%以上；八是少量蔬菜出口。

二、社会信任与能人治理

由于委托人和代理人之间的目标函数不一致，委托人追求的是自身利益的最大化，而代理人追求的是工资津贴和闲暇时间的最大化，加上委托人和代理人之间存在非对称信息，使得“委托-代理”契约执行在事前容易发生逆向选择，事后容易发生道德风险等问题①。如何在利益冲突和信息不对称情形下实现对代理人的激励，是委托代理理论需要解决的核心问题。为了解决该问题，需在激励相容约束和参与约束两个条件下寻找委托人设计的最优契约，让代理人的努力水平符合委托人的利益。然而，现实中农村人力资本的缺乏以及基层政府主导合作社的特殊性，横塘蔬菜专业合作社并未通过正式契约对代理人行为进行约束，而是通过建立在社会网络和社会信任基础上的能人治理方式对合作社进行治理，短期内亦取得了一定的效果。

作为多重委托代理关系的最终代理人，横塘蔬菜专业合作社的理事长是兼具政治性社会资本和商业性社会资本的企业家能人。退休前理事长是横塘镇农机推广服务中心主任，长期从事农业技术推广工作；理事长在合作社管理和市场渠道开拓方面具有丰富的经验，保证了横塘蔬菜专业合作社最重要的技术和销售两个生产经营环节的良性运转；同时，理事长之所以倾尽全力来管理合作社，原因在于多年的农技中心工作经历使其具有不同于一般职业经理人的使命感和责任感。

从理事长对横塘蔬菜专业合作社的内部治理和经营方式来看，主要利用了嵌套于各种网络关系的社会信任进行内部治理。合作社中的生产者为周边村的村干部和农技服务中心退休职工，合作社运行和管理是建立在熟人社会和工作网络上的监督考核机制和激励机制基础上。生产管理人员出于对理事长的信任，在生产管理和蔬菜销售方面，完全听从理事长的意见和建议，从而保证了合作社内部运营的通畅和有效。

---

① 委托代理理论：模型、对策及评析［J］．经济问题，2007（7）：13-15.

三、运行绩效

一是保证了高效农业的发展，实现了向都市供应生鲜蔬菜的目标。合作社生产的生鲜蔬菜通过多元化的流通渠道覆盖了常熟市和苏州市的集团客户、配送中心、批发市场、后勤保障公司和超市，在保证都市生鲜蔬菜供应方面发挥了重要的作用。

二是实现了农业技术应用和推广的目标。合作社在农业科技成果转化、应用和推广中扮演了重要的角色。横塘蔬菜专业合作社与江苏省农业科学院、南京农业大学、苏州职业技术学院、苏州市农业科学院等科研院所建立密切合作关系。由于理事长是前农业技术推广中心主任，同时农业技术推广中心有四位工作人员也参与合作社的运营，为合作社的农业技术应用提供了保证。多渠道多来源的农业技术通过横塘蔬菜专业合作社的示范和推广，对合作社及周边大棚种植户的技术采纳发挥了重要的作用，为提高设施蔬菜和露地蔬菜的生产效率和生产质量提供了保障。

三是实现了提高成员收入的目标。合作社涉及的土地由 3 个村流转而来，流转期限到 2028 年。最初土地租金为 500~600 元/亩，在碧溪区政府的协调下土地转出户实现了土地入股合作社，土地转出户从过去的固定租金的形式转变成固定租金+股份分红的形式，固定租金为每亩 600 元，股份分红为每亩 252.5 元。在合作社稳定发展的前提下，土地转出户的股份分红也稳步提升。

第四节　委托代理关系下合作社可持续发展的潜在风险

基层政府主导的合作社通过能人治理，在一定程度上实现了规模经济、促进了技术扩散，提高了成员收入。然而，由于基层政府和农技推广部门全额注资合作社的特殊性，以及合作社本身固有的制度缺陷和内部治理机制的缺失，横塘蔬菜专业合作社的可持续发展也面临着较大的潜在风险。

合作社面临潜在风险之一是合作社本身的制度缺陷不利于国有资产的委托和管理。国有资产的委托代理如果出现机会主义行为，可能导致国有资产的流失。因此代理人所依托的组织形式必须有清晰的产权和完善的治理结构。但作为一种不同于公司和市场的组织模式，合作社具有产权模糊、组织成本高昂的特点，如果要以规范合作社的形式管理国有资产，就需要按照合作社的组织结构、利益分配机制来进行内部治理。然而，合作社是“成员共有”的治理结构，为生产者提供服务是其组建的根本目的，这样的制度安排和服务功能与基层政府领办合作社的目的可能无法实现激励相容。

合作社面临潜在风险之二是合作社运营完全依赖于职业经理人的领导和经营能力，但又缺乏对职业经理人的激励和内部治理。基层政府领办的合作社聘用的职业经理人不仅要具备企业家才能，而且要懂管理、会经营、有组织能力和执行能力，还需要懂技术、懂政府政策。但是，如果对理事长缺乏激励，合作社内部治理也基于熟人关系的非正式治理，一旦职业经理人不具备复合型能力且熟人关系瓦解，合作社的管理和生产经营都会受到影响，建立在熟人社会上的激励机制和监督考核机制都将失效。

基层政府领办合作社潜在风险之三是生产管理方式有待改进。虽然合作社选择了聘用离任村干部和农技推广人员对生产基地进行管理，但是由于离任村干部年龄偏大，技术水平和管理才能相对有限，加上缺乏严格的数量和质量的考核机制，导致生产管理松散，缺乏激励。作为劳动密集型的农产品，蔬菜的生产注定要实现“单元化生产”，但如果“单元化生产”没有相应的考核机制激励单元管理人员提高农产品的产量和质量，那么合作社的可持续发展就缺乏相应动力，农产品质量也无法得到保证；同时，如果不通过生产管理机制促使种植户与组织之间建立较为紧密的利益连接关系，无论是雇工还是种植户，其生产和收益也会面临较大的风险。

第五节　结论与建议

碧溪新区横塘蔬菜专业合作社中存在的多重委托代理关系对合作社的运营提出了要求，合作社通过“片区生产+产量包干+统一销售”的运营模式，采用社会信任基础上的能人治理，基本实现了合作社的多重目标。但同时，由于基层政府主导合作社的特殊性，加上合作社本身的制度缺陷，类似的蔬菜专业合作社要实现进一步可持续发展，需要注意从以下三个方面进行转变。

其一，政府委托相关市场主体管理并经营国有资产，既可采取委托代理方式，也可采用发包方式。前一种方式是通过聘请职业经理人进行管理，更适宜采用公司而不是合作社的组织形式；后一种方式是把土地租给有能力的企业家，在保证企业作为城市蔬菜供应基地的用途不变的情况下，由企业家自主经营。为了保证基层政府目标的实现，需与企业家签订合同时注明土地使用性质不变。不过无论是采取哪种路径，土地转出农民均可以土地合作社的形式，获得的土地溢价可以通过土地合作社进行分配，但不能参与到组织的股权结构和成员构成中来，主要原因在于，合作社也是经济组织，同样面临市场风险，但土地转出户往往只

能接受分红，无法与合作社共担风险，可能对于合作社的长足发展不利。

其二，基层政府主导的蔬菜产业组织要实现可持续发展，必须进行经营管理制度创新。基层政府主导的蔬菜产业组织模式更宜采用“公司+农户”的模式，通过单元式生产，最大限度地提高种植户的生产积极性。“单元式管理”既能实现蔬菜种植环节的相对独立经营，又能在销售环节对种植户的农产品进行出售。同时，中层管理人才的引进和培育对于基层政府领办的蔬菜产业组织的可持续发展具有重要的作用。未来可以通过引进大学生或者其他具备管理素质的新型职业农民对“生产单元”进行管理。

其三，要细化职业经理人的考核指标，并给予相应的激励。首先，由国有资产投资组建蔬菜生产企业或合作社时，对其委托经营人（职业经理人）的考核不同于一般性资产，既需要考核生产经营指标如蔬菜供应量、利润指标等，又需要考核国有资产的保值增值、技术示范等指标。因此要细化职业经理人的考核指标，设计出兼顾经济目标和政策目标的绩效考核制度，减少机会主义行为，做到风险和利润共担。其次，要有意识的培养职业经理人，给予职业经理人足够的激励。在安排年轻的农技人员到基层政府领办的蔬菜产业组织中进行技术服务的同时，有意识地加强其管理才能的培育。

第七章

城郊型蔬菜产业“地产地销”发展模式探析

——以无锡益家康生态农业有限公司为例

当前我国蔬菜产业发展中“大生产、大流通”的格局已经基本形成，这对于优化蔬菜产业布局，从总体上保障国内蔬菜消费供需平衡具有十分重要的意义，但也存在一些短板。一方面，因其流通链条过长、流通成本过高，在蔬菜价格、新鲜程度等方面不能完全满足消费者的需求，特别是遇到极端天气，蔬菜流通路径受阻时，可能会影响蔬菜及时供应与消费。另一方面，蔬菜生产品种及种类仍受一定的区域生态条件与资源禀赋状况影响，蔬菜“大生产、大流通”也不能完全满足本地居民的蔬菜消费偏好问题，不同区域消费者对蔬菜等生鲜产品需求也存在地域性特征，如上海和苏南地区对叶菜类蔬菜有一定的偏好，南京地区则对本地生产的各类“野菜”需求旺盛。因此一般大中城市都把建设好菜篮子工程作为一项极为重要的民生工程来抓。在城镇化深入推进的大背景下，大力发展城郊型蔬菜基地建设是优化蔬菜生产布局，加强城市菜篮子工程建设的核心内容。实践证明，城郊型蔬菜产业发展对于满足本地消费者对蔬菜产品新鲜程度与个性化、地域性品种要求具有重要意义，同时也促使蔬菜流通链条变短，降低生产经营成本，形成合理的价格机制，并提高供给的便捷化程度。

城郊型蔬菜产业发展的典型模式是“地产地销”①。“地产地销”概念是日本农林水产省生活改善科于 1981 年为改善农村地区传统的饮食结构而提出的，其含义是“当地生产的农产品在当地消费”，指消费者直接从生产者那里购买商品进行消费以及利用当地生产的原料进行加工后在当地进行消费。② “地产地销”的流通方式在实现新鲜农产品与消费者的对接、增加就业与提高农民收入、推进农业产业化经营与激发农村经济活力、培育地方农产品品牌与保障农产品安全等方面发挥了重要的作用。为了厘清具有中国特色的地产地销模式的

① 在日本“地产地销”一般表述为“地产地消”，本书统一称为“地产地销”.

② 李凤荣.“地产地销”——日本农协地域经济发展新战略. 现代日本经济，2014（5）：45-53.

形成与发展过程，本章以无锡市益家康生态农业有限公司为例，分析城郊型蔬菜产业“地产地销”模式的形成、发展以及其适用的条件和存在的问题，并得出启示和建议。

第一节　公司基本情况

无锡市益家康生态农业有限公司（以下简称益家康生态农业有限公司）位于无锡市惠山区，成立于2006年，注册资本为1 500万元人民币。董事长在学校任教6年后，开始从事农产品的销售。益家康生态农业有限公司的主营业务有三个部分，包括果蔬种植基地、配送中心和三个农贸市场。益家康生态农业有限公司自行出资825万元，牵头成立了益家康蔬菜专业合作社，成员为150名土地转出农户。公司共流转了1 500亩土地，从农户手里流转土地的价格为1 390元/亩，出租给种植户为1 800元，土地流转合同与惠山区政府签订。

益家康生态农业有限公司在生产环节设置了种植中心。种植中心由核心基地的850亩地组成，共有60~70个农户承包大棚。公司负责整个蔬菜基地的灌溉取水、日常管理（设施维护、农资订购和配件）、技术服务、与配送中心沟通交流、通过公司所有的电子屏幕发布采购的产品信息、向种植户收取租金等。种植中心按片区分为5个小组，每个小组由1名威信较高的组长负责，每个组长负责与该组12~13户种植户进行沟通，公司给予每个组长每年2 000~3 000元补贴，并在地租上给予8.5~9折的优惠。为了控制农产品质量，公司采取的主要方式包括专人检查和地租处罚，如果发现该种植户种植的蔬菜存在质量问题，就通过上涨地租进行惩罚。

益家康生态农业有限公司的销售主要分为两个方面，一是在销售环节设置了配送中心，主要从事单位食堂的蔬菜配送，由自营车和租车进行配送。配送的农产品40%来自于生产基地，60%来自于外地。二是开设自有农贸市场。益家康生态农业有限公司目前自建三个农贸市场，一方面将摊位出租给菜贩获取租金，另一方面为公司配送中心进行二次补货。

第二节　“地产地销”蔬菜流通模式

一、以直销所为载体的日本“地产地销”模式

“地产地销”模式在日本有较为悠久的历史。20世纪80—90年代开始，日

本开创了“地产地销”的模式，该模式的基本定义是根据地域内消费者的需求进行农业生产，并将生产的农产品在当地进行消费。“地产地销”的模式既有利于当地村民就业增收，又能保持食品的新鲜度，并节约运输费用、减少能源消耗，对环保起到了积极的作用。“地产地销”中直销模式是占据主导地位的组织形式，这种流通方式利用交通道路停车加油与休憩场所设立农产品销售网点，网点被称为直销所。直销所设施主要由国土交通省管理，运营方式各有不同，大多由当地政府参与，通过直销所集聚生产者、消费者在直销所进行面对面的现货交易。有70%的日本农民选择了这种流通方式。此外，还有15%左右的选择了旅游观光促销型，有10%不到选择了公立机关供给的流通方式①。直销所模式中，生产者为小农户，小农户的特点是生产分散、农产品不易保存且获得消费市场的信息十分困难，为了实现规模效应，小农户通过寄卖的方式在直销所中对鲜活农产品进行出售。直销所的特点是交通便利、客流量大，通过展示小农户的农产品，直销所在获取利润的同时，也丰富了其产品种类；市民的特点是对农产品的鲜活性和质量的可追溯性有较高的要求，通过直销所，市民可以直接购买到农户当天生产的农产品，同时也可以通过条形码标签对生产地和生产者进行溯源。与此同时，小农户也可以通过条形码获取实时的消费信息，从而适时调整生产结构，选择生产适销对路的农产品。

二、以龙头企业为载体的苏南特色“地产地销”模式

益家康生态农业有限公司的蔬菜流通模式是以企业为载体，“规模生产对规模消费”的模式。该“地产地销”模式依赖于龙头企业对生鲜果蔬的种植，也依赖于政府、学校以及其他企事业单位对生鲜果蔬的需求。“地产地销”模式从三个方面实现其功能。一是为企事业单位提供新鲜的蔬菜；二是减少企事业单位蔬菜消费的交易成本和流通成本；三是保证蔬菜供应的质量。目前“地产地销”模式通过以下两个途径实现：一是龙头企业通过组建合作社，从合作社获得新鲜的农产品，进行粗加工后向企事业单位食堂配送，从而实现“地产地销”；二是龙头企业通过自建基地进行蔬菜种植，然后经过粗加工得到净菜，并向企事业单位食堂配送，从而实现“地产地销”。在苏南地区的“地产地销”模式中，生产者与龙头企业之间是出售与收购的关系，龙头企业与企事业单位是买家和卖家的关系，同时，企事业单位食堂会将需求信息反馈给龙头企

① 李静，盖志毅. 日本农产品“地产地销”流通模式对中国农产品流通体系路径优化的启示 . 世界农业，2015（11）：68-71.

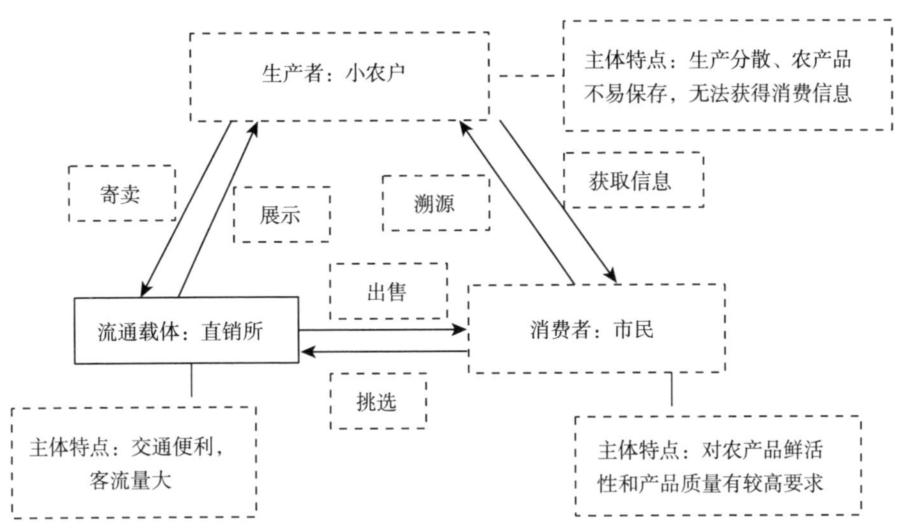

图 7-1 日本“地产地销”模式的运行机制

业。但消费者和生产者之间并无直接的溯源和获取信息的通道和载体，只能通过龙头企业完成信息的反馈和溯源。见图 7-2。

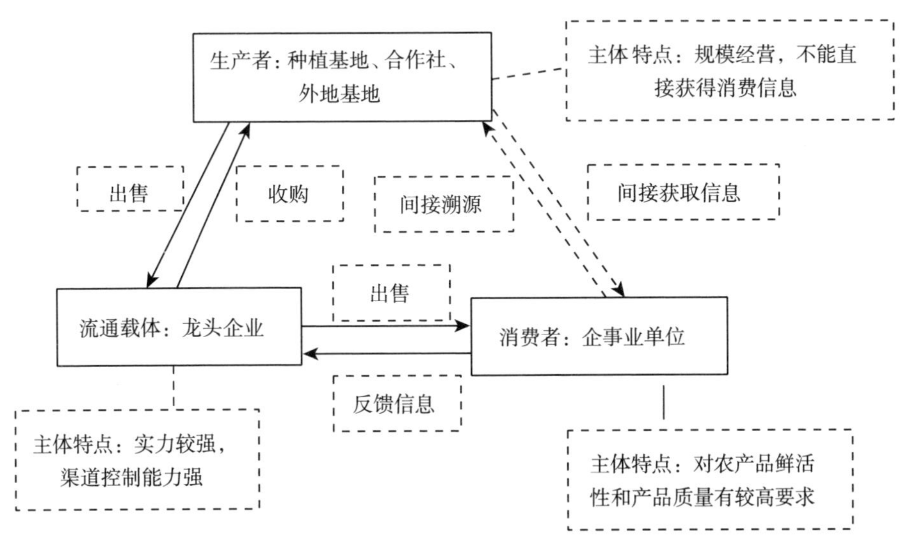

图 7-2 益家康生态农业有限公司的“地产地销”模式

三、两种地产地销模式的异同

从以上对比图可见，日本“地产地销”是“点对点”的模式，即是小规模生产对小规模消费。而苏南地区“地产地销”模式更多的采用的是“面对面”的消费方式，即“规模化生产”对“规模化消费”。

两者的相似之处是缩短了流通渠道，减少了流通成本。销售渠道的长短取决于产品的特性和可能的流通半径，短渠道的优点是环节少，产品在流通中的停留时间短，节省流通费用，缺点是流通半径有限，流通数量不多，更适合鲜活农产品或者销售批量小的农产品运销。日本直销所的农产品出售链条是农户—直销所—消费者，益家康生态农业有限公司的农产品出售链条是种植户（基地和合作社）—龙头企业—集团客户。在流通链条较短的情况下减少了信息不对称形成的交易成本。同时，由于参与利润分配的主体少，流通环节上的各个主体都能获得一定程度的利益改进，实现了消费者剩余和生产者剩余。

同时，两种地产地销模式也存在着生产主体、消费主体以及承担功能上的差异，概括而言，就是“小生产者—直销所—小消费者”和“规模生产者—城郊型蔬菜流通企业—集团客户”的差异。

一是两种模式的生产主体不同。日本的“地产地销”模式的生产主体是分散的小农户，直销所的作用是为小农户售卖自己的产品提供方便之地。益家康生态农业有限公司“地产地销”模式中，生产者是龙头企业，龙头企业通过自建基地和组建合作社的方式，生产和加工农产品，并直接与当地的企事业单位对接进行食堂配送。这个过程中，龙头企业既是生产主体又是销售主体。

二是两种模式的消费主体不同。日本“地产地销”模式下，消费者是路过直销所或者直接到田间进行观光的客人。这些客人有的是特地来购买所需农产品，有的则是路过顺便购买农产品。益家康生态农业有限公司的“地产地销”模式下消费者主要是企事业单位等集团客户。即使有少量采摘，也主要集中在特色水果和蔬菜，在消费量上所占的比例较小。

三是承担的功能上有较大差异。日本“地产地销”模式中，直销所作为重要载体，承担的功能是集聚销售资源为小农户出售农产品服务。苏南地区的“地产地销”模式中，龙头企业承担的功能除了销售自身生产的农产品以外，还承担着都市生鲜蔬菜供应和技术示范的功能。首先，益家康生态农业有限公司通过组建合作社、自建基地以及从外地进行采购等方式，保证了都市生鲜蔬菜供应的数量、质量和多样性；其次，作为公司核心区域，益家康生态农业有限公司的自建果蔬生产基地的重要功能即是承担来自于科研院所的相关项目，并实现科技成果

的落地转化。借助农业龙头企业这样的科技成果转化平台，将先进的品种和技术向普通种植户进行扩散，是新型经营主体的重要功能之一。

第三节　城郊型“地产地销”蔬菜流通模式的发展条件

一是当地城市化水平较高，消费稳定，对农产品质量要求高。随着城市化水平的不断提高，消费者对于新鲜的、有一定质量保证的蔬菜需求不断增加。在消费者需求的拉动下，蔬菜产品的供给结构需要进行创新，给予“地产地销”的流通模式形成和发展空间。无论从日本的经验还是从苏南的地产地销模式来看，都具有这样的都市化人口密集的特点。在多元化消费驱动和农产品质量的双重要求下，“地产地销”模式才能够获得较快发展。

二是企业家在销售渠道开拓方面具有一定的才能。与日本的地产地销模式不同，由于苏南的“地产地销”模式的主要载体是龙头企业，因此需要企业家在销售渠道的开拓上具备一定的才能。益家康生态农业有限公司总经理在从事农业经营之前是一名教师，之后从事农产品销售，在产品销售渠道上具有丰富的资源。能够采用“地产地销”模式，通过企事业单位的食堂配送进行农产品出售，一方面取决于企业家在销售渠道开拓上的才能；另一方面也取决于公司在发展过程中积累的实力。

三是要有相应的外部支持。无论是日本的“地产地销”模式，还是苏南的“地产地销”模式，都承担了公益性的功能，因此离不开政府的支持。日本的“地产地销”模式中直销所的发展与当地政府的支持密不可分，直销所设施主要由国土交通省管理，大多有当地政府和农协参与投资和运营。由于承担了保证都市生鲜蔬菜供应的功能和技术示范的功能，益家康生态农业有限公司本身具有较为明显的外部支持特征，外部支持主要来自于无锡市供销总社和惠山区供销联合社等5家国有企业，5家国有企业为益家康生态农业有限公司提供了1 500万元的入股资金。

第四节　苏南“地产地销”蔬菜流通模式中值得改进之处

以龙头企业为核心的蔬菜流通模式的优势在于流通链条较短，流通成本和交易成本很低，但是就益家康生态农业有限公司案例来说，“地产地销”的蔬菜流通模式中仍存在可改进空间。

一是企业与合作社成员和基地农户之间的利益连接关系不够紧密。益家康生态农业有限公司的核心基地中种植户与公司之间的关系依靠小组长进行维系，这种联系更多的是非正式的利益联结关系，缺乏正式契约关系，龙头企业和农户之间的利益连接关系松散，一方面可能会导致农户生产过量形成产品积压；另一方面不能保证企业有稳定的供货来源。

二是没有建立严格的可追溯系统和销售信息反馈机制。一方面，自有基地与公司之间在质量控制上是通过涨地租的方式进行惩罚，这种惩罚方式虽然有一定的效果，但是仍然属于非正式的质量控制机制；另一方面，供货来源中有部分来自于外地，需要在质量上进行把控。来自非本公司基地或者合作社的农产品，在产品质量的控制上具有一定的风险。日本直销所中，出售产品都有对应的条形码，一方面消费者可以通过条形码查询到农产品的来源，实现产品可追溯；另一方面，一旦农产品售出，农户就会收到相关信息，不同产品的售卖情况一目了然，方便农户及时调整采摘和出售计划，这种溯源与信息反馈机制值得借鉴。

第五节　城郊型农业发展“地产地销”蔬菜流通模式的对策建议

本章以益家康生态农业有限公司为例，分析了“地产地销”模式的特点、适用条件以及存在的问题。案例分析表明，首先，企业家才能对于蔬菜产业组织的发展起到了重要的作用；其次，城市化水平高、消费稳定是城郊型蔬菜产业发展的先决条件；最后，城郊型蔬菜产业的发展离不开政府部门和其他经济主体的支持。不过，目前城郊型蔬菜产业的“地产地销”模式仍然也存在着公司与农户之间的利益连接机制不紧密、收购自外地的农产品在质量上可能无法得到保证等问题。基于以上结论，本章提出如下建议。

一是以龙头企业为载体的城郊型蔬菜产业“地产地销”的模式更适用于经济较为发达的地区。尤其是自建基地的形式对于龙头企业的投资能力有一定的要求。在欠发达地区，可以通过农民专业合作社联社的形式，实现企事业单位的食堂配送和“地产地销”。

二是城郊型蔬菜产业“地产地销”模式仍然需要以当地主产、当地销售为主，外地来源的农产品在品种互补和质量控制上应给予优化。与传统的蔬菜生产流通模式不同，城郊型蔬菜产业“地产地销”模式不经过经纪人、批发市场等流通环节，而是由生产者从田间地头直接销往企事业单位或者自建农贸市场，最

大限度地降低了流通成本。城郊型蔬菜生产可以不易保存的叶菜为主，外地调货品种则以耐储存的块茎类农产品为主，但需控制农产品质量。

三是城郊型蔬菜产业“地产地销”模式的后续发展需要依赖于组织内部整体管理水平的不断提高。尤其需要企业与种植户之间建立更加紧密的利益连接机制，当组织内部管理水平和利益联结机制不完善时，不宜盲目投资扩大规模。

第八章

城郊型蔬菜绿色供应链运作模式探讨

——基于无锡市惠山区万寿河蔬菜专业合作社“农超对接”模式分析

进入21世纪以来，我国蔬菜生产发展迅猛，市场化程度越来越高，已成为农业生产中最具活力的产业之一，全国蔬菜大生产、大市场、大流通的格局基本形成。但受气候因素以及不同蔬菜生产种类的地域性因素、区域性消费习惯、冷链物流配送条件与成本等因素影响，仍有相当一部分蔬菜需要立足本地生产，以满足本地市场多品种、多种类、特色性消费需求。尤其是叶菜类蔬菜，因其组织柔嫩，不耐贮运，在贮运保鲜能力极为有限的情况下，主要还是依靠地产地销方式来解决。为此，一直以来各级政府都十分强调要加强城市的菜篮子建设，通过建设一定规模的城市周边地区蔬菜生产基地，以满足大中城市对多种类、多品种、小品种、精细品种全年不间断供应的市场需求，由此，城郊型蔬菜产业发展显得尤为重要，其对保证城市蔬菜供应起着重要作用，尤其在某些种类、品种及某些季节具有不可替代的作用。而与此同时，随着生活水平的提高，城市居民对蔬菜的消费需求也不断升级，主要表现为对蔬菜的质量安全、品种类别等需求的日益增加，如有机蔬菜、各类净菜以及半成品蔬菜等。蔬菜产业需求侧的变化对蔬菜生产、销售、流通与加工等环节提出了新要求，围绕服务大中城市蔬菜供给，构建绿色、可持续的蔬菜生产供应体系，发展包括“农超对接”模式在内的多种形式的配送渠道，成为城郊型蔬菜基地关注的重点。

惠山区蔬菜基地是无锡市的城郊型蔬菜保供基地，蔬菜总面积3.2万亩，其中规模化商品蔬菜基地2.5万亩，承担着无锡市60%以上的地产叶菜的供应。随着无锡农村城市化不断推进、全国农业产业结构不断调整，惠山区城郊型商品蔬菜基地劳动力结构与产品结构发生了根本变化。一是菜农99%以上来自外来劳动力，二是蔬菜种植品种以无锡市民偏爱的叶菜类为主，形成了青菜、豆苗、金花菜、空心菜、生菜、毛白菜、芹菜、苋菜、菠菜、茼蒿、黄瓜、番茄等一系列常规品种的鲜明特色。如何规范外来菜农的生产行为，保障蔬菜基地的绿色生产，实现蔬菜基地的全年不间断供应，是无锡市“菜篮子”工程建设的重中之重。

近年来，惠山区围绕保障本地居民蔬菜绿色供给，通过发展适度规模经营、加大政府补贴支持力度等方式，加强区域内蔬菜生产基地建设与营销模式创新，探索大中城市蔬菜绿色发展与保供体系建设。本章以无锡市惠山区“农超对接”典型合作社——万寿河蔬菜专业合作社为例，对城郊型蔬菜绿色供应链运作模式进行深入剖析，探寻存在的问题，并提出应对的措施，为探索其他经济发达地区发展城郊型蔬菜绿色供应链提供参考。

第一节　万寿河蔬菜专业合作社基本情况及运营模式

一、合作社基本情况

万寿河蔬菜专业合作社成立于 2008 年，位于无锡市惠山区精细蔬菜产业园内，注册资金 72 万元，注册社员 12 家。由于社员缺少资金，主要由理事长一人实际出资成立。合作社最早种植面积为 50 亩，由 12 家社员负责种植，目前扩大规模为 640 亩，种植户也增加至 22 家。是一家集蔬菜种植和高档蔬菜礼品包装配送于一体的蔬菜专业合作社。

合作社成立以来积极从事蔬菜新技术、新品种、新材料的引进、试验、示范和推广，农业市场新信息与技术咨询服务，社员及菜农的科技培训等工作。合作社以“五个统一”进行管理运作：统一供种供苗、统一生产技术指导、统一种植布局、统一质量标准收购和统一品牌包装销售。合作社没有进行统一的人员管理和统一的农资供应，是因为合作社社员多数为早年（1992 年）与理事长一起种菜的菜农，具有丰富的蔬菜种植经验，完全能够依靠自己的经验应对蔬菜种植过程的管理问题，并且合作社通过统一质量标准收购环节来控制社员对农资的选用，同样能控制社员的农产品生产质量。

合作社以“高产、优质、高效、生态、安全”为蔬菜产业发展目标，立足发展无锡高效农业、生态农业、生物农业，积极带动合作社成员及周边菜农致富。合作社于 2011 年启动农超对接，目前已合作 5 家超市，主要对社员及周边菜农品质较好且达标的蔬菜进行采购、包装并配送，日配送量达 10 吨，形成了集种植、收购、包装、配送为一体的“农户+合作社+超市（学校等占少部分）”的产业化经营格局。合作社主要经营蔬菜品种有大（小）番茄、小南瓜、莴苣、金花菜和芹菜等。2017 年度销售额达 1 700万元，利润率达 15%。

二、合作社运营模式

万寿河蔬菜专业合作社主要以“农户+合作社+超市”为主要运营模式（图8-1）。农户通过提供土地使用权、劳动力、部分资金等资源加入万寿河蔬菜专业合作社，合作社以高于市场10%的价格收购会员品质达标的蔬菜，保障会员合作利润；合作社通过提供基础设施、资金、生产与水利技术、生产管理、营销管理、人力资源管理等资源，规模化产出组合农产品，对收购的蔬菜进行加工、包装、配送等，可实现15%~40%的利润率；超市通过提供销售卖场、物流管理与配送、供应链管理、农业生产指导、产品标准、产品质量管理、营销管理、市场信息共享等资源，与合作社达成交易契约，约定相应的交易内容、双方权益及有关条款，形成稳定的供需关系。目前，合作社对每个超市的日均配送额维持在6 000元左右。反过来，超市通过契约关系，对合作社配送的蔬菜品质进行严格要求，合作社对社员提供的每批蔬菜进行严格的检测把关，倒逼农户提高蔬菜品质。

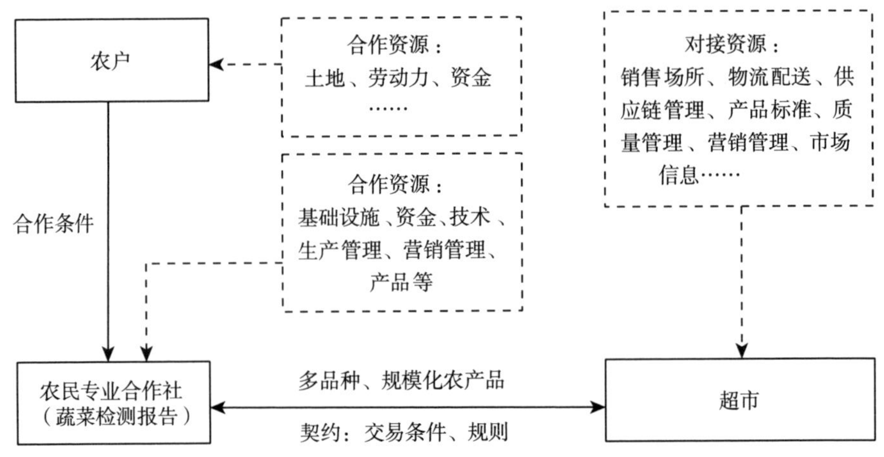

图8-1 “农户+合作社+超市”模式示意图

第二节 “农超对接”模式对城郊型蔬菜绿色供应链构建的作用

万寿河蔬菜专业合作社“农超对接”运营模式对蔬菜绿色供应链构建的作用主要体现为以下几个方面。

一是依靠科技创新与科技服务，规范农产品生产。在“农户+合作社+超市”模式中，合作社没有对社员的生产进行统一管理，但在模式的倒逼机制下，农户仍然能够规范农产品生产，保障农产品质量。除了依靠种植户多年的种植经验外，与政府及科研院所为其带来的科技创新与科技服务密切相关。当地蔬菜站全力帮扶土壤改良；江苏省农业科学院土壤专家对田块的数据进行公布并指导农户使用专用肥；区政府统一发放生物农药；园区设有绿色防控项目；合作社力推性诱剂、黄板、食诱、防虫网、臭氧发生器等物理防治，其中臭氧发生器设备一次性投资9 800元/亩，每半个月开一次，可移动为多面积服务，有效替代虫害防治人力、物力、财力，效果极好。这些科技创新与科技服务为规范农户农产品生产提供较大的支持。

二是提高资源配置效率，促进产业结构调整优化。一方面，“农户+合作社+超市”模式通过倒逼机制，在产品技术、品质、结构、规模、管理标准、经营设施等方面，促使农户与合作社主动提高匹配水平，实现农户与合作社层面的结构调整与优化；另一方面，通过农户与合作社带动一批与之配套的种植户、种子公司、农机公司、农药化肥企业、农业技术研究机构、包装企业、第三方物流企业、农业发展融资机构、基础设施建设企业等逐步调整优化经营结构，推动产业化发展水平不断提升，形成蔬菜绿色产业化体系。

三是提高农产品品质，确保消费安全。“农户+合作社+超市”模式的建立，通过政府的引导和促进，超市的主导和要求，以及农户和合作社的自觉意识提高与对接模式行为的约束，市场机制、模式内部管理机制、政府调控机制的相结合，大幅提高生产、技术、产品的标准化程度，并在一定程度上固化、明确了产销关系和各个环节的质量与安全责任，使得消费者在超市购物发生农产品安全责任事故时，具备开展消费权益维护的组织基础，很大程度上提高了农产品质量安全水平。

四是减少流通环节，降低交易成本。农户、合作社与超市之间直接对接，大大减少了中间环节，节约了生产者与终端销售商在合作伙伴搜寻、信息获取、议价、多次决策的成本，以及分配多环节切割利益或层层加价导致的价格上升，也避免了对诸多中间环节交易农产品的检测，最大限度地避免了不确定性的影响，从而最终降低了交易费用。流通时间的缩短，减少了农产品的损耗，提高了流通的效率，并且由于农户的组织化发展，使规模化交易成为现实，节约了仓储、运输、配送的成本，增加了合作各方的收益。

五是稳定市场价格，增加了农民和消费者实惠。一方面，“农户+合作社+超市”模式成立主要依靠双方的契约约束，任何一方在违约时都需要考虑相应的短期违约成本，以及远期合作者形象受损带来的持续负面影响，如此，保障了稳定的市场价格。另一方面，与传统渠道模式相比，“农户+合作社+超市”模式环节更少，没有参与切分利益的其他强势中间环节加入，客观上降低了中间环节加价的力量，保障了农民和消费者的利益。

第三节　城郊型蔬菜“农超对接”模式发展需要注意的问题

一、发展初期成本增加问题

“农户+合作社+超市”模式发展的初衷是减少环节，降低成本，稳定价格，提高农产品品质与安全性，农户增收，消费者增加实惠。从理论分析及长期发展趋势来看，无疑是正确的。但目前处于发展初期，合作社需要从多方面提升自己的能力与水平。超市需要接受合作社条件不足的现实，通过增加投入来引导、带动合作社共同发展“农超对接”模式。政府需要增加财政支持，以扶持对接模式的发展，促进对接市场的规范化与升级，进而推动农产品流通模式的创新。问题的核心是投入增加、成本上升，短期利益不能保障的问题，而这一切在发展初期无疑也是难以避免的问题。

二、主体间耦合性问题

“农户+合作社+超市”模式发展初期，主体间业务经营规则耦合性存在问题。具体表现在生产信息、市场信息、供应链管理环节、合作方管理与控制指令执行等方面对接主体间还不能真正实现信息的共享与一体化运行。经常存在信息不灵、管理协调难、契约履行不严谨、销售潜规则无法杜绝、各自传统与习惯调适不到位等问题，导致对接合作摩擦时有发生。解决规则耦合性问题，必须加强模式主体间各管理模块间相互联系的紧密度、精细度，规范契约需要界定的方面，合理制定契约条款，提高协调机制的有效性。

三、政府政策支持问题

城郊型蔬菜绿色供应链建设肩负着城市绿色蔬菜保供给的重要社会责任，这不单单是一种市场行为，更是一种政府行为。尤其是城郊的土地、劳动力等农业资源稀少、生产成本较高，使得蔬菜绿色供应链建设面临更多的问题。一是土地问题。蔬菜绿色供应链建设需要规模化的蔬菜生产基地，城郊的土地资

源稀缺，流转成本大，致使流转的问题更为复杂。与大田作物不同，蔬菜基地多数需要配套温室大棚、设施用房、办公用房等，这些都需要相应的设施用地指标。二是技术问题。蔬菜供应的种类多、品种复杂，不同种类不同品种蔬菜的种植技术不同，需要地方政府和科研单位给予更多的技术支持，尤其是绿色生产技术，包括减肥减药、绿色防控等。三是融资问题。蔬菜供应链建设从基地投资、生产投入、物流设施设备购置到配送环节都需要大量的资金流，而农业生产周期长、风险高的特性决定了蔬菜供应链建设需要更多的资金支持。因此，有必要进一步强化地方政府在土地流转、建设用地指标、技术支持、补贴、融资优惠等方面的政策支持。

第四节　启示

第一，扶持和规范农民专业合作社的发展，积极创造有利条件引导合作社加入“农超对接”进程。

在农产品供应链合作中，降低生产成本，降低合作的交易成本尤为重要。“农户+合作社+超市”作为农产品供应链中一种有效的降低交易成本的模式，三者之间的稳定合作，既可以降低农产品交易的不确定性，又能够让双方进行专用性资产的投资。因此，进一步加大对“农户+合作社+超市”模式的扶持力度，对于提升农产品供应链中相关主体的分工与合作效率、降低农产品供应链“最后一公里”的经营成本，都具有重要的价值。

第二，提高农民的安全生产和加工技术水平，并为农民提供更多的农产品市场信息服务。

我国农业的特点不仅是人多地少，更重要的是高素质劳动者的不足。考虑到安全生产和加工对于提高农产品市场价值、保障“农超对接”的重要作用，应当进一步加大对农村地区公共教育和培训的力度，对农民进行人力资本投资。可以采用宣传车、墙报张贴、网络化教育等多种方式深入村庄和田头，提高农户对安全生产和加工的重要性认识。同时，通过定期举办生产技术培训班和技术辅导员培训班，宣传农产品质量管理知识，帮助农户提升生产经营过程中的科技附加值。另外，考虑到农产品市场需求信息在引导农民和合作社做出合理的生产和经营决策方面的重要作用，应在充分利用农村报纸、广播电视和互联网等现有传播媒体的基础上，进一步发展信息技术，实现农产品供应链中相关主体之间信息共享。

第三，在农产品供应链中建立有效的利益共享和风险共担机制，以维系相关行为主体之间的稳定合作。

考虑到合作剩余分配对于实现组织公平和合作绩效的重要作用，应在农产品供应链中建立合理的合作剩余分配机制，使人力、物力和智力资源在不同的行为主体之间实现有效配置，农产品市场供需信息得到有效利用，并通过明晰的产权界定实现“激励相容”，从而让交易各方都有积极性维持这一合作模式。

第九章

区域性农产品市场的 SCP 范式分析

——以淮安市清江浦区红椒产业为例

农业生产的特殊性以及不同区域由于历史、地理区位、自然禀赋、政策等方面的原因，导致特色农产品产业最初在少数区域集聚，形成一定的比较优势，随后，与之相关联的产业为了追逐这一比较优势，在外部规模经济的作用下，各种要素进一步向集群产业所在地区集中，从而使这种集群优势进一步强化。可见，农业产业集群大多是为了利用农业资源的比较优势围绕特色农产品生产而形成。在农业产业集群的模式下，农产品的种植品种相对单一，但生产主体和流通主体数量较大，是一种接近于完全竞争的市场结构。

市场结构的概念来自于产业组织理论。早在 20 世纪 60 年代，哈佛学派以新古典学派的价格理论为基础，结合一系列理论研究成果，以实证研究为手段把产业分解成特定的市场，按结构、行为和绩效三个方面对产业组织进行“三分法”的分析，构造了一个既能深入具体环节又有系统逻辑体系的市场结构（Structure）、市场行为（Conduct）、市场绩效（Performance）的分析框架，形成了经典的 SCP 分析框架，并通过对市场关系的各方面进行测度，提出政府公共政策。SCP 范式为我们研究区域性农产品市场提供了系统的分析框架。

江苏省区域性农业产业往往是以地理标志为基础，专注于某一特色农产品生产。这样的产业集群模式下，蔬菜生产、流通和销售呈现的特点值得深入分析，不同经营主体的生产和流通路径值得研究。本章以淮安市清江浦区的红椒产业为例，通过 SCP 范式分析红椒产业中相关利益主体的生产和流通行为，以及政府和技术推广部门的相关行为，为农业产业集群的形成和发展提供借鉴。

第一节　淮安市清江浦区红椒产品特性与生产特点

清江浦区红椒于 2010 年获得国家地理标志产品，是江苏省第一个成功注册的设施蔬菜地理标志商标，种植面积为 10 万亩，年销售收入达到 13 亿元。淮安红椒的种植历史非常悠久，早在20世纪80年代初，清江浦区黄码乡的农民在市蔬菜研究所的推荐下，改变了稻麦轮作的方式，全乡60%以上的农户种起了青椒。当年由于滞销，青椒全部变成了红椒，而红椒上市后反而受到市场的欢迎，由此逐渐形成了红椒的产业集群。

淮安市红椒生产有两个茬口模式。一个是春提早栽培，一般在9月下旬至10月上中旬播种育苗，1月中下旬至2月上旬定植，5—6月转红上市。这个茬口模式由于转红后天气渐热，保鲜期短，产量偏低，且价格不高，目前该茬口已很少。另一种茬口模式为秋延后栽培。是目前的主要栽培形式。一般在7月底至8月初播种育苗，8月底至9月初定植，亩栽4 000株左右，加强肥水管理与温度控制，做好植株调整，及时摘除门椒和对椒，每株留果12个左右，摘除生长点，抑制营养生长，促进果实发育。从11月开始陆续转红，到元旦前基本可完全转红上市。为了获得较理想的销售价格，采取控温控湿活体储存红椒。摘除小果、病果，拔除无果实植株。随着温度降低，采取多层覆盖，保持白天10~15℃，夜间5℃以上。用百菌清烟熏剂夜间熏烟，每隔10天一次，防治病害，延长保鲜期。保持棚内湿度，见干见湿，一般5~7天浇一次水，防止辣椒失水干裂。采取这样的田间管理方式，红椒挂果期最长可延长到翌年4月份，方便农户在价格合适时及时采收上市。

第二节　淮安市清江浦区红椒产业的市场结构—市场行为—市场绩效分析

淮安市红椒市场通过生产者之间可能存在的独立或合作关系、流通主体之间可能存在的独立或合作关系、生产者和流通主体之间的交易关系，形成了红椒产业的市场结构；通过以经纪人和批发市场为主导的流通路径的构建及区域市场价格的形成，决定了红椒产业的市场行为，进而决定了红椒产业市场上各主体利润、产业规模经济和技术进步，实现了红椒产业的市场绩效。如图9-1所示。

一、市场结构

市场结构是指构成某一系统的各要素之间的内在联系方式及其特征。在产业组织理论中，市场结构是指企业市场关系的特征和形式。市场结构中市场内现有的买方、卖方之间的关系与正在进入或可能进入该市场的买方、卖方之间

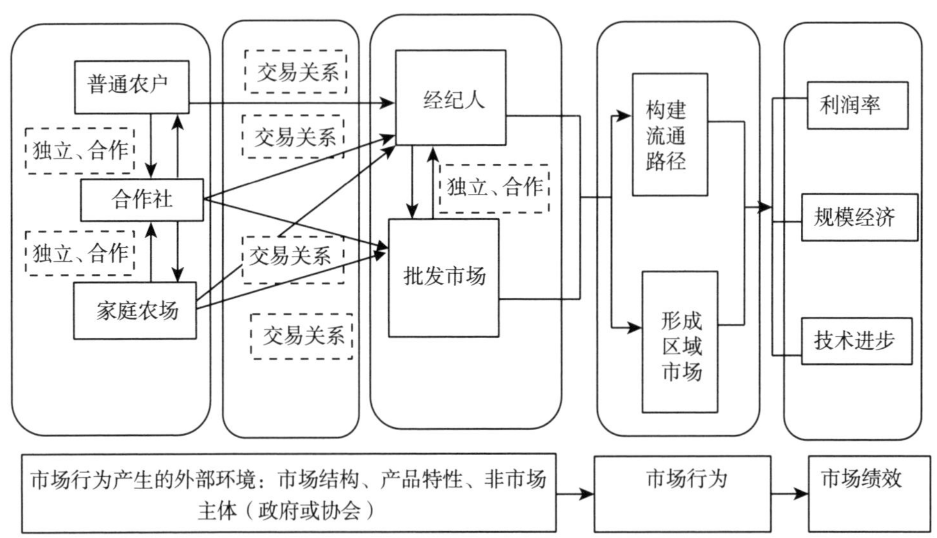

图 9-1　淮安红椒产业市场结构、市场行为和市场绩效的逻辑关系

的关系①。从本质上说，市场结构反映的是市场竞争和垄断关系的概念。在本案例中，以上四种关系叠加后，在淮安市红椒产业中形成了完全竞争的市场结构。

1. 市场上的卖方：红椒生产主体

（1）合作社。清江浦区共有 50 多家红椒合作社，合作社分为两种类型。一种是村委领办合作社。村委领办的合作社并不负责红椒的销售，主要作用为宣传红椒种植和红椒生产技术的扩散，鼓励农民种植红椒。二是经纪人领办的合作社。主要运作模式是向种植户提供种子和农资，待红椒收获后，则由经纪人进行收购。三是家庭农场组建的合作社。这类合作社成立的目的在于联合规模较大的种植户进行生产资料的团购，开拓销售渠道。但由于当地经纪人队伍的蓬勃发展，加上合作社形成过程中集体行动的协调成本较高，家庭农场组建的合作社发展并不尽如人意。2012 年，国富家庭农场主联合了 5 位种植户成立合作社，5 位种植户总种植面积为 166 亩。合作社注册资本 158 万元，均由农场主个人出资。但是合作社成立后大家意见无法统一，合作社未实际运转。

（2）家庭农场。清江浦区种植红椒的家庭农场较为常见，种植面积在 200～300 亩。由于红椒种植历史悠久，当地进行红椒规模化种植从 2000 年左右就开

① 苏东水．产业经济学［M］．江西人民出版社，2012.

始。国富家庭农场主从2003年开始就流转了300多亩土地种植红椒，2013年注册家庭农场。家庭农场经营过程中，土地流转成本上涨幅度较大。2003年和2017年土地流转费用每亩分别为650元和1 300元。作为劳动密集型农产品，红椒的生产需要长期使用雇工，该农场的长期雇工为30人，按照60元/(天·人)支付工资。

（3）普通种植户。清江浦区普通种植户种植面积通常在5~20亩。这类种植户一般是自有土地，即使少量流转土地，也多为亲戚朋友的土地，土地流转成本较低。同时，普通种植户一般使用家庭劳动力，在人工成本上支出较小。此外，因为种植规模小，田间管理精耕细作，亩均产量也比规模种植户稍高。

2. 市场上的买方：红椒经纪人、批发市场

（1）红椒经纪人。由于红椒生产经营形成了产业集群，清江浦区的红椒农产品经纪人有1 000人左右。农产品经纪人队伍对于红椒的流通和生产均发挥了重要作用。红椒产业集群最初得益于经纪人和大户对全国红椒市场的了解和开拓。在清江浦区的红椒生产和销售过程中，经纪人逐渐形成了三种模式。一是经纪人领办合作社，以批发价将种子和农资出售给农户，红椒成熟后进行收购。二是既自己种植又收购红椒的经纪人模式。三是仅收购不种植的模式。正是由于庞大的经纪人队伍的存在，红椒销售网络遍布北京、内蒙古、新疆、浙江和广东等20多个省（区、市）。

（2）批发市场。批发市场主要包括产地批发市场和销地批发市场两类。产地批发市场主要是清江浦区当地的大型农产品综合批发市场，但并不是专业的红椒批发市场；销地批发市场则是由当地经纪人联系的分布在全国各地的农产品批发市场。

二、市场行为：流通路径与市场价格

产业组织理论认为，市场行为是指企业在市场上为实现其目标（如利润最大化、更高的市场占有率等）而采取的适应市场要求不断调整其行为的行为。企业的市场行为受到市场结构的制约，同时也作用于市场结构。市场行为主要分为市场协调行为和市场竞争行为。市场竞争行为具体可以分为定价行为、广告行为和兼并行为，市场协调行为则发生在市场集中度很高的市场[①]。从本案例来看，红椒产业的市场行为更多集中在市场竞争行为方面，市场竞争行为则体现在经纪人对流通渠道的主导和局部市场价格的形成机制上。

---

① 苏东水．产业经济学［M］．江西人民出版社，2012.

1. 流通路径

清江浦区红椒流通路径多种多样，但大都离不开经纪人的作用。总体来说，在红椒协会对清江浦区红椒产品的品牌建设和品牌营销的背景下，形成了“普通种植户+经纪人+批发市场”“家庭农场+经纪人+批发市场”“合作社+经纪人+批发市场”“家庭农场+批发市场”“合作社+批发市场”等多条流通路径。其中，前三种流通路径是淮安红椒流通最主要的模式。经纪人在与家庭农场、普通种植户和合作社的交易过程中，凭借着信息优势，控制着的红椒交易量与交易价格。后两种流通路径则是由于家庭农场和合作社的生产规模较大，如与经纪人无法达成一致的收购价格，直接将红椒运往当地农产品批发市场进行销售。

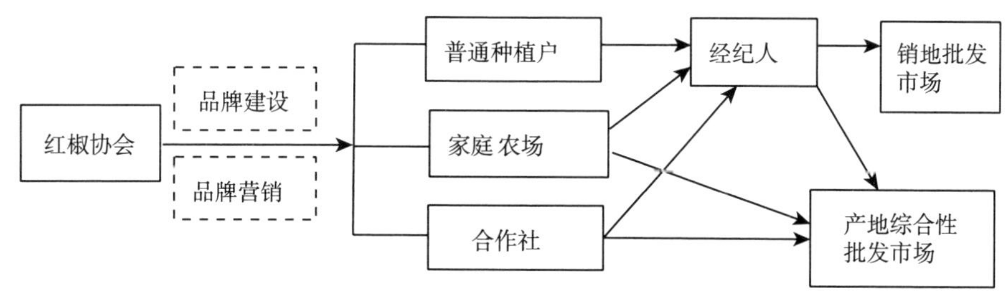

图 9-2　淮安红椒产业流通路径

2. 区域农产品市场价格形成

清江浦区红椒价格形成机制与产品特性和红椒经纪人的收购、销售行为有关。从红椒的产品特性来看，红椒挂果期可达 4~5 个月，红椒生产有春提早栽培模式和秋延后栽培模式，前者已经非常少见，后者在元旦前基本可完全转红上市，然而此时价格并不理想，需要采取控温控湿活体储存红椒，防止辣椒失水干裂，最长可延长到次年的 4 月份，通过技术手段人为控制红椒的挂果时间，为农户在红椒价格较高时进行出售创造了条件。

经纪人在红椒价格形成过程中扮演了非常重要的角色。本地没有专门的红椒产地批发市场，合作社的发展情况也不尽如人意。因此生产和销售环节存在大量种植户和单个出售者。相对于上游的种植户和下游的出售者而言，经纪人充分掌握了生产信息和市场信息，在产业链中处于相对强势的地位，讨价还价能力较强，而单个农户或出售者在收购价和批发价的确定上存在较高的价格信息搜寻成本，在定价上几乎没有任何发言权，只能由经纪人决定。从外地批发市场来看，到红椒产地与千家万户的小生产者进行谈判交易成本相当大，因此经纪人在定价方面与外地批发市场具有相对的谈判优势。

总体来说，红椒的价格形成机制如下：当红椒需求较大而供给偏少时，经纪人通过提高收购价格使农户能够以较高价格出售红椒，虽然此时主要收益由农户获得，但经纪人掌握了外地批发市场等渠道，仍然可获相对稳定的收益；当红椒需求和供给均很稳定的年份，红椒随行就市的特点明显，经纪人以田头价格收购红椒并加价出售给外地批发市场，仍然可以获取相对稳定的收益；当红椒丰收，供给量大时，市场价格降低，经纪人仍然能够通过向产业链上游（即农户）转移风险来获取相对稳定的收益。

3. 市场绩效

淮安市红椒供应链中最重要的两个主体是农户和经纪人。农户能够获得单位产品的稳定利润，但是因其生产规模较小，总收益和年化收益相对有限。经纪人在单位产品的利润获取上不及农户，但是因其收购规模较大且可以通过向生产者转移市场风险和自然风险，总收益和年化收益都比较高。

从单位产品来看，在供小于求的情况下，农户获得的利润比较稳定。无论是“普通种植户+经纪人+批发市场”“家庭农场+经纪人+批发市场”“合作社+经纪人+批发市场”，还是“家庭农场+批发市场”和“合作社+批发市场”的模式，在产品供小于求的情况下，由于红椒的保鲜期长，农民择机出售，获得的收入相对稳定。过去通常认为农户在产业链利益分配中所占份额较小，主要原因还是因为农户的规模较小，总利润会远远低于经纪人、批发市场和零售商。总体来看，普通种植户的亩均收益比家庭农场更好。种植 8 亩大棚的普通种植户反映，一亩地一季能产红椒 2 500千克，每千克 6 元，再加一季叶菜，去掉农药化肥等成本，每亩年利润在 1.5 万元左右，8 亩大棚 1 年的纯收入不低于 10 万元。2017 年国富家庭农场的毛利为 60 万元，净利润为 30 万元，平均每亩利润在 1 万元左右。

经纪人在红椒供应链中的获利并非是想象中的暴利，而是收入稳定性和年化收益率较高。经纪人的收益来源于其作为中间商既掌握生产信息、又掌握市场信息的优势，其收益的稳定性则取决于其作为中间商的转嫁自然风险和市场风险的能力和行为。经纪人在单位产品上，通常会加价 10%左右出售给批发市场，单位产品获利并没有农户高，但由于其销售规模较大且收益稳定，因此在红椒市场上仍有着举足轻重的作用。

从产业技术的提升和产业发展来看，淮安市红椒产业也实现了良好的产业绩效。一是区农委积极协助清江浦区种植基地和种植户通过与市农科院合作、专家与农户结对的形式，改良红椒品种、提供相应技术服务。二是为了保证红椒的品质，区农委在每个村安排了技术员和协管员，形成了一套保证农产品质量的生产技术规程并进行产业化示范推广；三是从区域的层面，多层次的培训农民，采用

农闲时节专家授课，生产时节技术示范等多层次、多渠道培训种植户。此外，淮安市红椒在全国都具有较高的知名度，类似的红椒产业集群在全国并不多见，产业得到了快速的发展。

第三节　区域性农产品市场运行的保障机制

（1）经纪人在农业产业集群中发挥了重要的中介作用，有效解决了信息不对称问题，实现了供需双方的有效衔接。经纪人主导的产销交易关系中不仅有订单农业等正式契约的元素，还有乡村社会网络行为规范的元素。两种元素有效抑制了交易中容易出现的机会主义行为。双方建立交易关系过程中的交易成本大大降低，并且为双方建立彼此信任、相互依赖的关系提供了保障。

（2）红椒协会的宣传与品牌推介。2010年，清江浦区政府以淮安红椒地理标志注册成功为契机，由清江浦区的蔬菜局牵头，专门成立了淮安红椒协会。该协会的目的在于加强淮安红椒产业的品牌建设和品牌营销，培养红椒协会成为红椒产业的管理运作主体，在辣椒生产经营行业采取商标使用权授权、商标准用等创新措施，打击侵权假冒行为，不断扩大淮安红椒的知名度、影响力和市场占有率，开展红椒产业的调查研究、合作交流、业务培训，制定和实施《淮安红椒地理标志证明商标使用管理规则》，保障淮安红椒作为区域品牌的规范性和进一步发展。

（3）政府支持改善红椒产业的基础设施条件。清江浦区因势利导发展特色农业，不断加大对农业基础设施的投入，为红椒产业的不断发展奠定了坚实的基础。近年来建成红椒冷链加工及交易中心300立方米冷冻库、1 500立方米冷藏保鲜库，直接为3万亩红椒生产基地提供不间断冷藏保鲜服务，每年可促进增收3 000万元。

（4）红椒产业的特殊性和远离都市的特点，保证了产业的有序发展。淮安红椒产地远离城市，信息不对称、交易成本和流通成本高企等诸多问题，催生了由经纪人主导、政府的支持和乡村社会网络的共同作用的市场结构，保障了红椒产业的健康发展。

第四节　简要讨论

本案例采用SCP范式分析了红椒产业的市场结构、市场行为和市场绩效。案例表明，淮安市红椒产业的市场结构呈现完全竞争市场的特点。由于红椒产品具有易保存，地头和货架期长的特点，农户可以自行选择出售时间，即在价格最高点进行出售，而经纪人在产地市场与销地市场的对接上也发挥了重要的作用。总体来看，红椒产业的市场绩效较高，农户、经纪人都获得了福利的改善，红椒产业也得到了迅速发展，生产技术也得到了明显的提升。但同时，红椒产品的特性以及红椒产业中生产者的分散化，造成了市场由经纪人主导、红椒产业链条不完善、合作社无法发挥作用以及红椒协会发挥作用有限等问题。

首先，目前红椒种植户的获利较为稳定与产品的保鲜期较长、出售时机选择余地大密切相关，但如果换成其他品种的农产品，可能生产者在出售产品时会比较被动。淮安红椒产业在发展之初，市场对农产品价格、销量和品质等方面的要求变化较大，经纪人会选择不同的农户进行收购，以获取最大利益，使农户在流通过程中处于不利位置。但由于红椒保鲜期长，种植户可以选择时机与经纪人进行交易，因此大大减轻了种植户在交易过程中的不利地位。如果是其他保鲜期较短的农产品要形成产业集群，“专业市场+合作社+农户”的模式可能更为适合。

其次，清江浦区的红椒产业形成了“生产集中度高，产业形态单一”的发展模式，不利于产业的进一步发展。由于红椒产品的特性，清江浦区的红椒产业虽然生产集中度很高，但产业形态较为单一。不同品种的红椒在风味、口感上并无明显差异。因此红椒某种意义上也是一种“大路货”。这种“大路货”通过经纪人进行出售能够实现流通成本和谈判成本的降低。一旦消费者对农产品风味和口感要求较高，就无法形成类似于淮安红椒以经纪人为主导的供应链模式。经纪人对收购品种的要求多是易于贮存和运输，无法同时满足消费者对风味和口感的要求，因此经纪人主导的模式通常只能在信息不对称的大路货市场中发挥作用，但如果产业要进一步升级，就需要建立规范的产地市场。

再次，在产品易储存运输，且销售渠道通畅的情况下，合作社发挥的作用非常有限。由于经纪人能够充分掌握市场信息，无论是与批发市场还是与农户之间的交易成本都很低。同时，由于红椒产业的收购方主要是批发市场，批发市场对于农产品质量的要求相对较低。这种情况下，合作社的规模经济和产品质量控制的优势无法体现，而组织成本高昂的缺陷却非常明显，因此农民专业合作社的发展较为有限。

最后，红椒协会应吸引多方主体加入，推进红椒产业集群和红椒区域品牌的发展，并积极采用信息化手段提高行业的信息透明度。目前，红椒协会由清江浦区的蔬菜局牵头，参与主体较为单一，协会成立的目的是宣传红椒品牌，促进区域品牌健康、规范的发展。但产业发展仅仅有政府部门的参与是不够的，应在延长产业链的同时，积极引导红椒加工企业、批发市场、经纪人、种植大户等经营主体参与，尤其要发挥行业中有一定话语权和威信的组织或者企业的引领作用。

第十章

市场导向的蔬菜专业化生产模式

——以江苏绿园食品有限公司为例

与粮食作物不同，蔬菜生产中存在着比较突出的劳动不易监督和机械化程度较低的问题，如果蔬菜生产要实现专业化和规模经济，则必须满足以下两个条件。一是要开拓稳定的、能实现较高农产品溢价的销售渠道；二是在相对独立的生产过程中实现专业化。市场导向在农业企业经营中的作用越来越大，但市场导向的企业未必就一定能够获得良好的企业绩效，只有积极进行技术创新和制度创新，才能够提升企业绩效。在技术上如何以消费为导向创新开发新的产品，在管理上如何创新扩大生产经营规模，在农产品质量控制手段上如何创新以实现稳定的利润，是蔬菜企业亟待解决的问题。

江苏省绿园食品有限公司作为一家规模较大的，集产品研发、基地生产和加工、流通于一体的农业企业，在市场导向和组织创新等方面具有较为丰富的经验，尤其是其基于市场导向的蔬菜专业化生产的模式值得深入探讨。

第一节　公司基本情况

江苏绿园食品有限公司创建于 2007 年，专业从事农产品生产加工流通，下属两个合作社和一个研究所，分别为泰州市苏润果蔬专业合作社、兴化市钓鱼镇绿园蔬菜专业合作社和泰州市苏润果蔬研究所。两个合作社下属农副产品开发销售中心、电子商务中心、配送中心、7 家“绿园农超”连锁直营店。江苏绿园食品有限公司经营的农产品包括无公害精品蔬菜、优质种苗、有机蔬菜、地方名优农副特产、进口水果、“开心农场”和“阳台菜园”体验项目等。公司有 32 个蔬菜产品获得国家无公害农产品认证，7 个蔬菜产品获得“有机转换产品认证证书”。

以江苏绿园食品有限公司为核心，公司未来规划发展成为江苏绿园农业发展集团。集团未来下设三个公司，分别是江苏绿园农业科技有限公司、江苏绿园食品有限公司和江苏绿园米业有限公司。江苏绿园农业科技有限公司负责光伏生态大棚、农业新科技、新装备的研发。绿园米业有限公司下属一个稻米专业合作社，经营管理绿色稻米产业化基地。

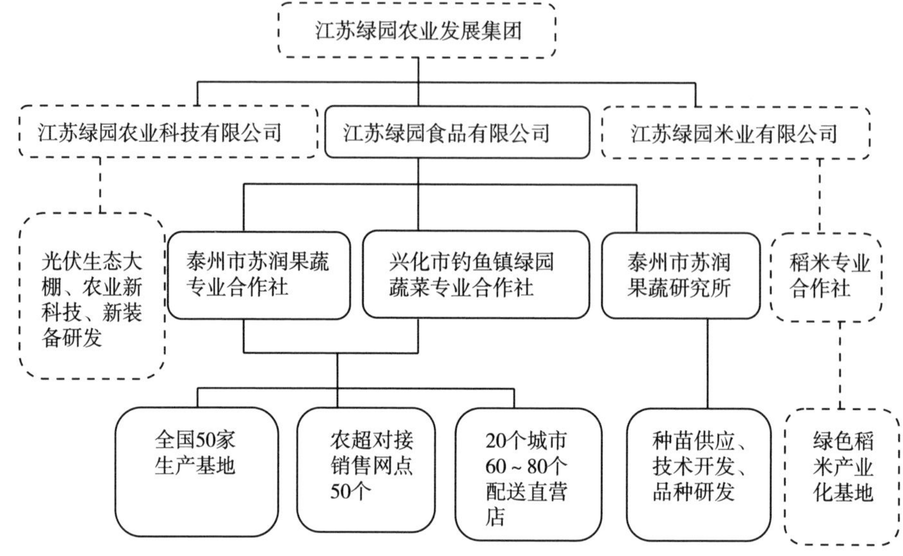

图 10-1　江苏绿园农业发展集团组织结构

第二节　市场导向下蔬菜专业化生产的运行模式

市场导向的专业化生产，实现了专业化生产基地辅以专业化的技术，配以专业化的人进行专业化生产。市场导向的专业化生产有三个特点：一是采取先定市场，再谋求后动的市场导向模式。二是专注于一两种产品，集中资源实现生产过程的标准化和专业化基地的可复制性。三是在市场导向、专业化生产的要求下进行技术创新和管理制度创新。如图 10-2 所示。

一、市场导向

一是为了能够掌控市场行情，江苏绿园食品有限公司只专注于开拓一两种可复制性较强的销售渠道，如专卖店和农超对接。二是江苏绿园食品有限公司善于利用和整合已有的资源，主动寻求市场上的机会，建立稳定的销售渠道。三是江苏绿园食品有限公司采取了先定市场，再谋求后动的方式。这种市场导向和开拓销售渠道的方式与其他蔬菜企业不同，大部分的蔬菜生产和流通企业是先进行生产，然后再逐渐发掘市场上的机会。

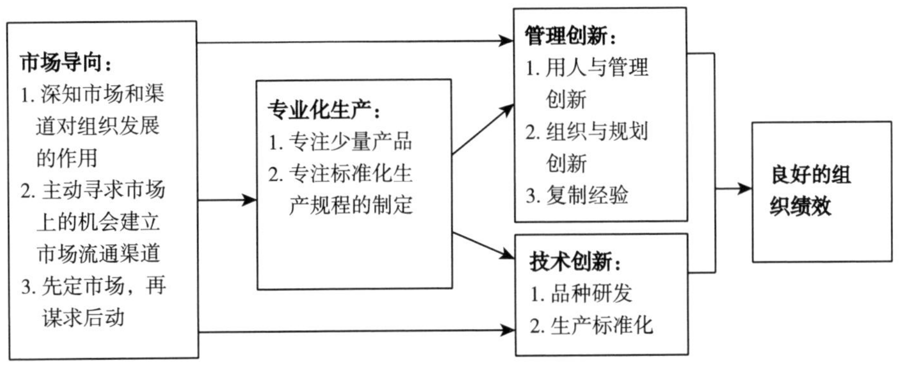

图 10-2　市场导向下的蔬菜专业化生产的运行模式

二、专业化生产

一是专注于一到两种产品进行精耕细作。根据市场效益和产品特性，江苏绿园食品有限公司在成立之时选择了娃娃菜作为主要产品，后来由于市场发生变化，又选择了西兰花作为主要产品。在公司最初选定品种时，主要基于以下几种考虑：一是选择种植品种的经济效益要好。娃娃菜在我国大部分地区的市场上较为少见，稀缺性导致其附加值较高。二是选择种植的品种要耐于保鲜和贮存。娃娃菜与大白菜类似，属于耐贮存的叶菜类蔬菜，但同时，相对于大白菜来说，娃娃菜个头较小，在包装和保鲜方式上更容易做到精品化。随着娃娃菜在市场上销路的打开，越来越多的生产者开始生产娃娃菜，经济效益开始降低。江苏绿园食品有限公司又瞄准了西兰花的生产和市场开拓。西兰花的经济效益较好，产量稳定，也耐于保鲜和贮存。专注于一到两类农产品进行精耕细作的好处在于容易在生产的技术规程上标准化，在单一产品上做精做细，成为单一产品的专业生产者。

二是实现生产过程的标准化和专业化。首先，由江苏绿园食品有限公司在密切关注产品市场信息的基础上，到生产基地所在地做好市场。其次，通过连锁加盟模式自建生产基地。公司派出连锁加盟经理，根据气候、种植条件和种植品种等要素筛选连锁加盟地区，然后招聘主管、副主管和财务对加盟地区进行生产管理，通过品种确定技术规程，通过生产标准规范田间管理，统一使用公司的品牌进行销售。江苏绿园食品有限公司通过连锁加盟模式自建生产基地 1 500多亩，建有智能化育苗中心 30 000平方米，钢架大棚650 亩，在上海、云南、海南、甘肃、河南等地及江苏省内宿迁、淮安、昆山、兴化等6 个市县建有合作生产基地

1.1万亩。再次，在做好市场的基础上，安排专人到基地所在地聘请基地经理对基地进行管理。管理包括寻求种植户合作、安排收获时间等。最后，采用生产服务队的形式，安排专门从事西兰花采摘的雇工按季节逐个收获各生产基地的农产品。

三、技术创新与管理制度创新

1. 技术创新机制

为了适应市场导向下的专业化生产，江苏绿园食品有限公司采用了多元化的技术创新路径。江苏绿园食品有限公司的技术来源于大专院校、合作企业和农技推广部门。一是利用大学及科研院所的专利技术、人才和创新理念，采用院企合作的方式，实现成果研发和转化；二是以合作企业为技术来源，获取来自于外部的异质性知识资源并有效吸收，江苏绿园食品有限公司的总经理同时也是昆明晨农集团的股东，两者互为合作企业；三是以农业技术推广部门为主的技术来源，即利用政府农业技术推广信息和产业信息，并获取政策和金融支持。如图10-3所示。

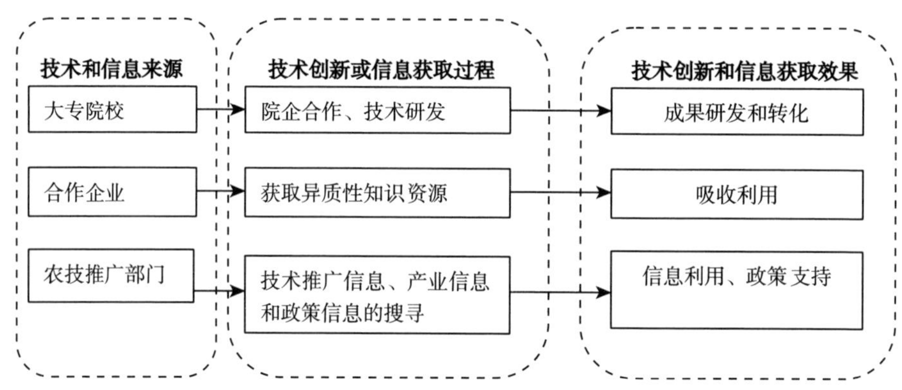

图10-3　市场导向下江苏绿园食品有限公司的技术创新路径

在技术创新过程中，不同主体的合作机制主要包括三个方面：一是科研院所研发主体与企业创新主体融合。科研院所和公司共同组建研发部门，研发人员由科研院所科研人员与公司技术人员组成。二是科研院所研发主体与生产主体的合作。科研院所的专家在生产基地进行田间示范和技术推广，研发主体和生产主体实现了合作。三是研发部门与销售主体的合作。销售主体掌握市场的第一手信息，并将信息反馈给研发部门，以消费者的需求为导向进行研发。江苏绿园食品有限公司组建了“泰州市苏润果蔬研究所”和“泰州市苏润果蔬博士后流动

站”，不断提升技术创新能力。

2. 管理制度创新

市场导向的专业化生产模式诱致了企业的管理创新。在专业化生产模式不断复制的过程中，通过制度创新不断整合信息、技术、资金、人才资源，优化资源配置。具体来看，是从以下三个方面进行管理制度创新。一是整合产业需求和政府产业信息融入技术创新。获取有效的市场信息，将消费者需求的反馈信息充分融入当前产品创新进程，利用科研院所的专利技术、人才和创新理念进行技术创新；二是充分利用技术创新的成果进行生产管理。在生产管理过程中积极利用自身的优势资源和核心技术。三是在连锁加盟中融入技术、标准和品牌，实现技术创新与制度创新的融合。江苏绿园食品有限公司采用的连锁加盟模式，不仅输入技术，还输入种植标准和品牌。

第三节　市场导向的蔬菜专业化生产模式绩效

一是促进了农业科技创新和技术示范。江苏绿园食品有限公司通过引进名、特、优、新蔬菜品种进行试验栽培，优选示范，推广种植，开发了 30 多个蔬菜品种。通过院企共建的方式，苏润果蔬研究所聘用江苏省农业科学院蔬菜研究所的专家，带领博士和硕士生，以苏润果蔬专业合作社基地为平台，运用现代化设施装备和物联网信息技术，以开发温室专用果蔬新品种、生产技术为方向，以优质高效、生态、安全为目标，加快新品种、新技术的集成与推广应用，对当地的蔬菜生产起到了很好的示范作用。

二是有效地控制了农产品的质量。由于江苏绿园食品有限公司实现了农产品专业化生产，建立的一系列技术规程能够强化企业产品的质量和安全管理，在果蔬生产、加工、流通全过程应用农业物联网技术，为标准化生产和质量溯源提供了保障。公司建立了一套从农田到餐桌的食品安全生产追踪控制体系，从田间栽培、加工管理到产品出运，进行严格的批号管理，确保公司生产的产品有明确的“身份证”，保证农产品质量。

三是实现了品牌效应。江苏绿园食品有限公司拥有“绿园”“润园”“渭水河”三大品牌，同时创建了“绿园农超”品牌连锁直营店。在常规销售增点扩面的同时，公司通过电子商务积极开拓市场，紫背天葵、养心菜、明月草、薄荷、彩椒等数十种中高端有机蔬菜畅销江浙及北上广等大中城市。

第四节　结论与启示

本案例梳理了市场导向下江苏绿园食品有限公司专业化生产模式，并对该模式下企业的技术创新和管理创新机制进行了分析，探讨了该模式所实现的技术示范和扩散效应、农产品质量控制效果和品牌效应。案例研究表明，市场导向能够促使企业积极寻求专业化生产模式，并在复制专业化生产模式的过程中，诱致技术创新和管理制度创新。根据本案例的研究，得出如下三个方面的启示。

一是企业要主动开拓市场。虽然越来越多的农业企业注重于销售渠道的开拓，但是开拓市场的主动性不够。江苏绿园食品有限公司在未能确定市场的时候，并不开展生产。只有确定了销售渠道，才会根据需求量确定新开发的基地规模和人员配备。这种主动性较强的市场导向保证了基地生产出来的农产品都能够及时在当地销售出去，降低了市场风险，减少了流通和保鲜成本。

二是企业在开展专业化生产的过程中，要注意生产标准化体系的建设和规模扩张过程中合理的茬口安排。市场导向促使企业在利用连锁基地进行专业化生产的过程中积极寻求生产过程的标准化，只有对育苗、移栽、施肥、施药、采摘等过程进行标准化，才能促使企业在实现规模经济的同时能够保证生产效率与产品质量。同时，规模扩张也不能够盲目进行。由于专业化生产是在全国范围寻找基地，因此应充分利用不同地区的气候来安排茬口，才有利于生产管理。

三是要重视专业化生产过程中的科技创新和管理制度创新。连锁基地的扩张离不开技术规程、生产标准和品牌建设，这些现代农业要素的不断完善离不开现代农业产业技术体系的构建与运行。要依托现代农业科技协同创新系统，着力形成现代农业科技创新与推广链条的内部协同，支撑壮大现代农业产业链，才能推进现代农业的发展。要注重管理制度创新，尤其是连锁基地发展模式的完善。连锁基地模式适用于产品较为单一和集中的农业企业，能够实现规模经济，但连锁基地的发展不能只注重数量而忽略质量，在扩大规模的同时，企业应通过合理的制度安排保证农产品质量。

第十一章

休闲农业产业融合发展路径探析

——以常州市国东家庭农场与江苏一号农场科技股份有限公司为例

休闲农业是指利用田园景观，自然生态以及环境资源，结合农林牧渔生产、农业经营活动、农耕文化及农家生活等，提供民众休闲体验、参与等为目的农业生产经营形式，对挖掘农业多功能性，促进农业产业形态多元化，带动农民就业增收，以及推进城乡融合具有重大的意义。本案例以常州市国东家庭农场与江苏一号农场科技股份有限公司为例，探讨在三产融合发展背景下休闲农业发展路径与农业产业融合机制，为休闲农业与相关产业融合发展路径探析提供参考。

第一节　农场基本情况

一、常州市国东家庭农场

常州市国东家庭农场成立于2008年，位于常州市新北区孟河镇小黄山风景旅游度假区，发展之初以农业产业为基础，后成立江苏齐梁故里农业生态有限公司经营休闲农业，主要从事生态农业、休闲农业，以及养生度假等项目。董事长主要负责公司运营，其妻子主要负责农场生产。目前，农场总占地面积1 062亩，主要经营果园300余亩（冬枣50亩，葡萄25亩，猕猴桃100亩，枇杷100亩，大棚20亩，无花果40亩），有机水稻400亩，生态度假区262亩。已获得国家级有机食品认证品牌一个，绿色食品品牌六个，无公害食品品牌一个。被江苏省旅游局评为“江苏省二星级乡村旅游示范点”“常州市乡村旅游会长单位”“常州市新北区餐饮协会会长单位”。公司销售年收入在2 000万元以上。

农场的经营范围包括一产、二产和三产。其中一产主要包括有机稻、果园、设施菜果等种植业，以及鸭子、鱼等养殖业，主要按照有机农业生产规程进行统一生产，并根据季节安排果蔬茬口，保证农产品全年供应；二产主要是农产品加工，与台商合作，对枇杷的叶、花、果等进行深加工；三产主要包括亲子活动、企业拓展、商务培训等三个板块，满足不同需求层次与类型的城市消费群体。三产发展有效整合农场的农业、市场、资金、人才等资源要素，延长产业链条，提升产业附加值，实现成本最小化，利润最大化。

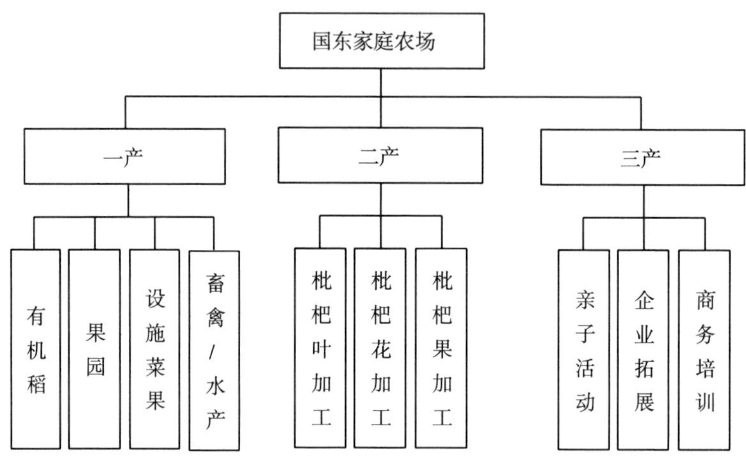

图 11-1　国东家庭农场产业结构

二、江苏一号农场科技股份有限公司

江苏一号农场科技股份有限公司（以下简称一号农场）由海归团队于 2010 年投资创建，位于常州市金坛区，坐拥国家 5A 茅山风景区天然氧吧，占地约 2 000亩，总投资 2. 3 亿元。依据科技引领、旅游支撑、农业主导的“三位一体”发展机制，采用“互联网+品牌+基地”的生产、运营管理模式，独创标准化、复制化、个性化、规模化、产业化等多位一体的发展新思路，打造以有机农业为主，集休闲农业、互联网农业于一体的全产业链有机生活服务。目前农场已配备有机餐饮、智慧环保客房、游客中心、农夫市集、有机科普馆、垂钓中心、亲子采摘区、亲子沙滩广场、星空露营岛等，农场项目丰富多彩，服务配套设施完善齐全，是现实版的开心农场。农场还分别通过了国家有机认证、美国 USDA 有机认证、GAP 认证等。公司已于 2017 年初成功在新三板挂牌上市。

农场的三大主营业务是农产品生产与加工、农业观光与旅游酒店、农场运营管理。农产品生产主要包括水稻、杂粮、设施果蔬、水产、生猪等，劳动力主要由劳务合作社负责派遣，生产经营主要由果蔬专业合作社按照有机农业生产规程

进行。农产品加工主要包括有机大米、有机杂粮、粽子、月饼等节日礼盒等。农业观光与旅游酒店基于农产品生产与加工进行打造，围绕农业产业，设置农耕体验、手作乐园、休闲旅游、科普教育、企业定制等休闲游项目，充分挖掘农业的多功能性，配套完善的餐饮和客房服务等。农场运营管理主要依靠高科技，利用互联网平台，建立智慧农场系统，实时监控生产，并利用 SAP 建立从生产到销售、售后的全过程 ERP 管理，实现生产端到客户端全程可追溯。农场除了对内实施全程智能化管理外，还对外提供农场运营管理服务，实现资源共享、平台共享、利润共享。

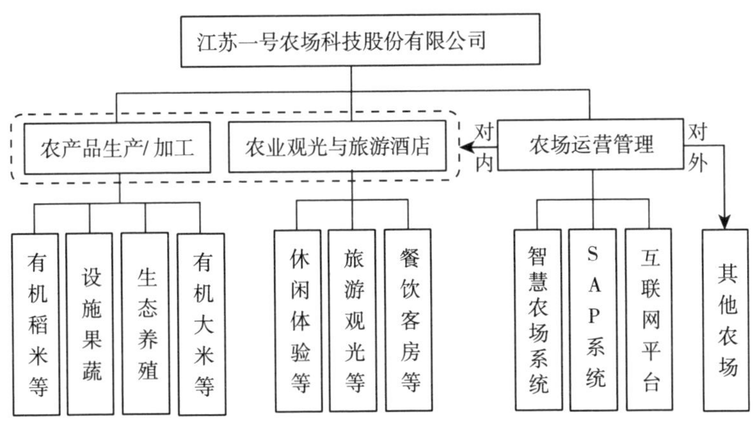

图 11-2　江苏一号农场科技股份有限公司主营业务

第二节　农场休闲农业发展路径分析

常州市国东家庭农场与一号农场休闲农业发展路径主要表现为：一是基于原生态农业发展理念，打造有机农业生产基地，将生态资源优势转化为生态经济优势。二是基于休闲观光与体验参与理念，开发有机与特色农产品，引导一二三产业的有机融合。三是基于回归自然、体验乡村的理念，打造农业休闲旅游与观光产业，促进农业与旅游业、会展业以及亲子活动等深度融合。四是基于信息技术与生物农业发展理念，贯通三次产业，提升农业科技含量。

一、基于原生态农业发展理念，打造有机农业生产基地，将生态资源优势转化为生态经济优势

原生态农业的开发空间基础是未被破坏的自然生态环境或被人为破坏极小的

自然生态环境，那些被化肥农药浸染、生态破坏严重、污染程度极深的区域无法开展原生态农业生产。原生态农业生产主要依赖自然，顺应自然，利用自然，而不是人为地改造自然。此外，原生态农业虽然崇尚传统的农耕方式，却也不排斥现代科学技术与科学管理理念，实质是运用现代农业技术与原生态农业发展理念的有机结合。国东家庭农场与一号农场根植于原生态农业发展理念，主打发展有机农业生产基地，通过在农业内部整合种植业、林业、养殖业、畜牧业等子产业的生物链条关系，依托原有生态环境，形成特色农业与生态农业、循环农业、多功能农业之间的融合共生。其基本原理是通过融入原生态发展理念、坚持原生态生产流程、打造原生态产品形象来提升农业资源潜力和开发价值。如一号农场生产按照有机生产规程生产的有机蔬菜通过会员制方式销售，获得显著的溢价，目前已有会员 2 000多户。国东家庭农场种植的有机水稻，采用“稻鸭共生”模式，实现了种养原生态循环生产，亩产利润高达5 000元。

二、基于休闲观光与体验参与理念，开发有机与特色农产品，引导农业二三产业的有机融合

休闲农业是农业产业与制造业、加工业、服务业不断融合深化的产业。与休闲农业产业融合相关的第二产业主要有农副食品加工业、食品制造业等。主要是指将休闲农业园区内的农特产品加工企业在不影响其生产加工的前提下按照观光园区的标准进行打造，并设计与其加工产品有关的体验设施与展销设施，如供游客使用的餐饮、导览、解说、安全防护等基础设施和其他观景设施。强化产品生产与游客观赏、体验、服务兼顾的理念，让游客充分参与到农特产品的生产、加工、销售环节。如一号农场以生产的有机杂粮、有机稻米、有机蔬菜为基础，通过产业链延伸的方式对杂粮、稻米及蔬菜等进行粗/精加工，开发各种杂粮礼盒、粽子、月饼、蔬菜套餐等，并在包装、宣传、销售等方面融入地方特色与企业品牌，市场反应热烈。同时，农场借此发展观光工厂，生产与观光接待两不误。

三、基于回归自然、体验乡村的理念，打造农业休闲旅游与观光产业，促进农业与旅游业、会展业以及亲子活动等深度融合

休闲农业与旅游服务业融合发展是一种相得益彰的共生关系。旅游服务融入休闲农业不仅能够强化农业产业的经济增收能力，还能优化农业产业结构，有助于有效整合区域内的优势资源，加快休闲农业的跨行业流通、跨领域合作、跨市场交易。通过整合区域农业资源，形成具有一定生产规模和发展优势

的农业生产园区，以园区的组织形式开展农事生产、农业推广、农旅结合、农商互动、农业产业延伸与融合。园区再利用田园景观、农业设施、农耕文化、农家生活等资源，促进农业多元化发展，并通过开展采摘果园、田园观赏等，形成“产业+园区+村落”一体化发展格局，实现休闲农业发展的景村一体化建设，丰富农业的多功能性，延伸农业产业链，深度挖掘农业产业的增值空间，实现农业园区与农村经济的一体化发展。为此，国东家庭农场与一号农场在有机农业生产的基础上，开展了专门的休闲旅游服务和农产品配送服务，既有“走进来”的服务，也有“送出去”的服务，充分发挥了农业生产、休闲、旅游与服务一体化的功能。如一号农场设置了农耕体验、手作乐园、休闲旅游、科普教育、企业定制、酒店、餐饮、有机蔬菜会员套餐等休闲、旅游与服务项目，充分挖掘了休闲农业的农耕文化、山水文化、旅游教育等功能，满足了城市消费群体亲近自然、乐享农耕、亲子陪伴、休闲度假、团队协作、厨房配送等不同层次的需求，实现了农业产业价值的最大化。

四、基于信息技术与生物农业发展理念，贯通三次产业，提升农业科技含量

农业生产领域需要科技的力量研发新产品、开发新产品；服务领域需要新型科技产品来满足消费者的消费需求；产品市场上需要科技产品提供宣传、促销、保质等服务。信息技术、智能控制等技术流不可避免跟一二三产业产生各种行业关联，休闲农业与智慧技术融合既是发展时代的要求，也是休闲农业可持续发展的核心要求。国东家庭农场依靠全国各种品种推介会来更新产品品种，一号农场与江南大学、江苏省农业科学院等建立研发机制来开发新产品，通过采用丰产、稳产、抗病性强、高营养的新品种及科学的种植方案、先进的种植技术、有效的运营管理，实现“从种子到餐桌”的品质全程控制，并采用全程信息化的服务方式，实现对消费者的精准服务。

第三节 休闲农业产业融合发展需要关注的几点问题

总结常州市国东家庭农场与一号农场休闲农业产业融合发展经验，休闲农业产业融合发展需要重点关注以下几个问题。

一、明确消费群体，瞄准消费需求，强调农业休闲项目设计的参与性、体验性、互动性与季节性

休闲农业产业融合发展的最终目的是吸引更多的消费群体，需要关注两方面的定位问题，一是要明确消费群体，即不局限于当地的消费群体，主要为城镇的消费群体；不局限于年轻的消费群体，还应包括老人、小孩等特殊消费群体。二是要瞄准消费需求，满足人们的消费升级，即从物品消费到精神消费，从一般农产品消费到优质、绿色、安全农产品消费。因此，休闲农业发展首先要有区位优势，即优先选择城郊为发展区位，充分考虑城镇消费群体的交通便利性。其次，设计农业休闲项目，强调老人、小孩等不同消费群体的参与性、体验性、互动性，以及接待不同时间段游客项目的季节性，如周年、周末与工作日等。

二、充分利用当地资源，加快区域内人才、资源、产品、资金、技术、管理等要素资源的整合利用

充分利用当地资源，主要包括三个方面的资源：一是农业自然资源。以农村和农业自然环境为载体，满足游客对自然风光的游览需求。二是土地资源。通过农村闲置宅基地整理、土地整治等新增的耕地和建设用地，优先用于农村产业融合发展。并且，对社会资本投资建设连片面积达到一定规模的高标准农田、生态公益林等，允许在符合土地管理法律法规和土地利用总体规划、依法办理建设用地审批手续、坚持节约集约用地的前提下，利用一定比例的土地开展观光和休闲度假旅游、加工流通等经营活动。三是人文资源。地域人文是旅游发展的核心要素和魅力源泉。发展休闲农业与独特的人文资源结合，通过丰富农耕文化、乡土文化、非物质文化遗产等文化内涵，打造特色文化休闲农业，使各地区的休闲农业具有不可替代性。

三、引入新业态，开发农业多种功能，增加农业产业价值

休闲农业产业的发展需要坚持“全产业链”理念。全产业链模式指的是以市场需求为导向，从产业链源头开始，贯穿采购、生产、销售每一个环节，实现全产业链贯通的发展模式。发展休闲农业有必要在保障农业基础性产业的前提下，开发农业多种功能，引入农业多种业态，如智慧农场、农家旅游、共享农庄等，充分挖掘农业产业价值，增加农业产业效益。

四、加强政策扶持，拓宽融资渠道，破解融资难题

休闲农业的发展离不开政府部门的扶持和监管，需要结合各地实际情况，制定出台鼓励休闲农业发展的管理办法、实施细则、优惠政策等具体实施意见，引导休闲农业的发展方向，激发社会各界参与推动休闲农业发展的兴趣和动力。制定出台扶持休闲农业企业做大做强的财税政策、投融资政策、人才准入等方面的优惠政策，培育重点休闲农业企业加快发展。积极构建“政府引导、企业主体、市场运作、农户参与”的发展模式，逐步形成投资主体多元化、投资方式多样化、项目建设市场化的休闲农业产业发展格局，破解休闲农业产业发展的资金难题。

第十二章

人力资本优化、企业化管理与合作社的规范发展

——以江阴故乡情果业专业合作社为例

近年来我国农民合作社发展迅速，益农作用不断显现，特别是合作社在科技成果转化和技术扩散以及产销对接等方面发挥了重要的作用，但是与市场上其他农业经营组织相比，合作社要提高竞争力并获得长足发展，仍然需要完善和规范合作社的治理结构。那么，在新环境新形势下，合作社的规范运作具有哪些特征？哪些因素会在合作社规范发展中起到关键作用？为了回答以上两个问题，本章利用江阴故乡情果业专业合作社为案例，分析合作社规范发展的特征以及规范发展背后的关键影响因素。

第一节　合作社基本情况

江阴故乡情果业专业合作社（以下简称故乡情果业专业合作社）位于无锡江阴市，成立于2013年，由5名大学生和退伍军人发起成立，目前共有63户成员。合作社成立当年完成了120亩示范田的规划整理，并从浙江果树科学研究所引进8个葡萄新品种进行培育与种植，2014年实现营业收入281.6万元，吸纳社员7名；2015年，吸纳社员40名，开设首家市区直营店，总营业额实现1 452万元；2016年吸纳社员10名，并与顺丰速运集团合作成立电商平台，发展电商户32户，全社实现营业收入总额1 972万元。目前合作社全年销售葡萄为主的农产品986吨，总营业额为1 972万元，社员人均纯收入为34 900元。

从故乡情果业专业合作社的股权结构来看，合作社6名发起人以现金形式入股，总占股58%，其他成员占股42%，出资成员2万元一股，85%成员为本地农民，其中有12人以劳动力抵股权，一个劳动力折股1.5%，有2户以运输方式折股3%。可见，合作社发起人平均占股9.7%，而普通成员为57人，平均占股比例为0.73%。从种植规模上看，6名发起人共种植120亩示范田，平均规模为20亩。其他57名成员中，除了12人以劳动力抵股权和2人以运输方式折股外，其

他 43 名农户总共种植 300 亩葡萄，平均规模为 6. 98 亩。

第二节　人力资本、企业化管理与规范化发展

故乡情果业专业合作社的服务功能较为完善，包括统一的技术服务、统一生产资料购买、统一品牌、统一出售以及对产品进行精加工。之所以能够具有较为完善服务功能，并实现规范化发展，主要得益于人力资本优化和企业化管理。

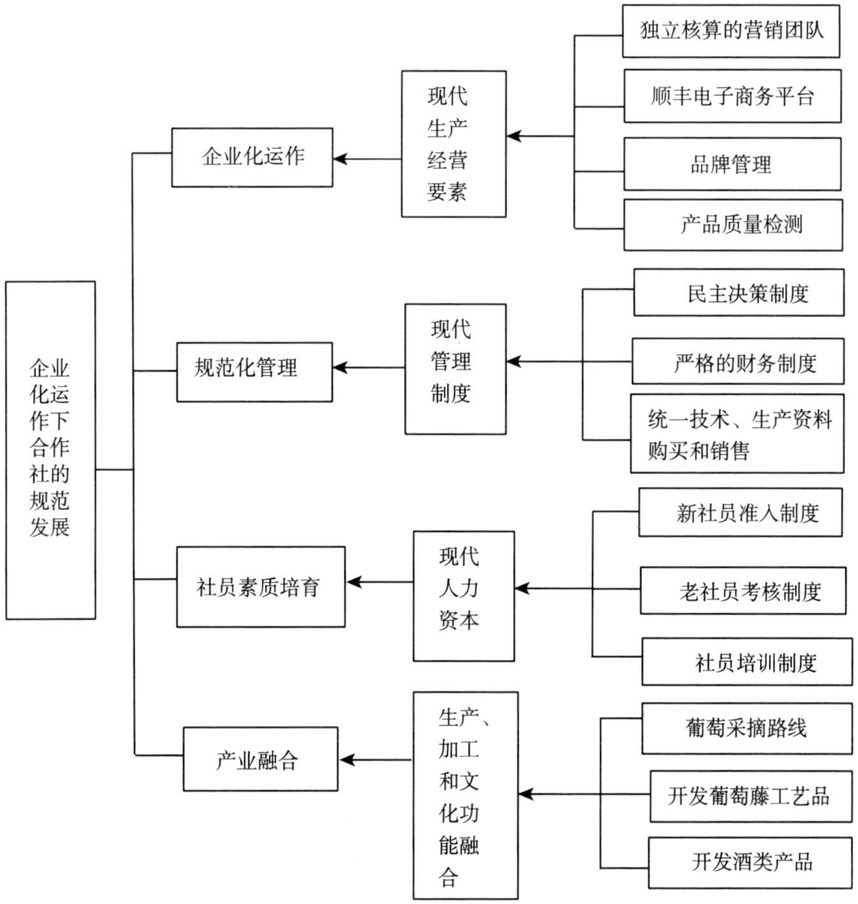

企业化运作下合作社的规范发展
- 企业化运作 ← 现代生产经营要素 ← 独立核算的营销团队；顺丰电子商务平台；品牌管理；产品质量检测
- 规范化管理 ← 现代管理制度 ← 民主决策制度；严格的财务制度；统一技术、生产资料购买和销售
- 社员素质培育 ← 现代人力资本 ← 新社员准入制度；老社员考核制度；社员培训制度
- 产业融合 ← 生产、加工和文化功能融合 ← 葡萄采摘路线；开发葡萄藤工艺品；开发酒类产品

图 12-1　企业化运作下合作社的规范发展：故乡情果业专业合作社

一是通过企业化运作，使合作社具备诸多现代生产经营要素，从而有利于合作社服务功能的实现以及对农户的带动。为了解决“卖难”的问题，合作社加

快培养了自己的营销团队，进行独立核算；与顺丰速运合作，成立专业的电子商务平台；实现品牌管理，严格实行品牌商标授权制度；严控产品检测关，保证农产品品质。这些企业化运作的方式，一方面倒逼农户提高农产品质量，另一方面也促进了农户对先进技术和营销理念的吸收与模仿。

二是故乡情果业专业合作社在采用企业化管理的制度模式的同时也保持了合作社发起人团队的同质性和成员的同质性，在此基础上实现了合作社应有民主决策机制和按惠顾额返还的利益分配制度。合作社的发起人团队中，有 5 位为大学生，在人力资本和社会资本以及种植规模上都具有同质性，合作社在吸纳成员时，对于新成员实行准入与考核制度，非常重视新成员的人力资本，在一定程度上实现了新成员人力资本的同质性。此外，为了实现合作社应有的民主决策机制，合作社每年必须召开一次全体社员会议，会议内容是修订各项制度，完善内部管理等。此外，合作社的盈余实现了 85%按惠顾额返还。

三是加强社员培育，强化社员的职业农民角色，提高社员素质。合作社深知职业农民发展是产业发展的必经之路，因此坚持积极引进大学生、复退军人以及青年农民加入合作社。同时，制定了社员的入社、退社申请制度，严格对社员进行把关。对于老社员进行考核，主要考核种植亩数、生产能力、技术水平、执行标准等。对于新社员，则通过对社员的种植规模和生产能力两方面进行考察，并有一定的考核期。农户通过职业农民角色的强化，在生产、管理和经营方面逐渐具备现代职业农民的素质，从而实现合作社的良性运转。

四是充分发挥当地产业基础和地方特色文化功能，实现传统种植和现代产业融合，增加了生产经营的附加值。故乡情果业专业合作社所在地江阴璜土镇葡萄种植规模达到 1.2 万亩，葡萄以鲜甜、香醇、爽口而得名，2008 年被推荐为北京奥运会特供水果，当地具有一定的葡萄产业种植基础。同时，合作社利用恐龙园旅游资源，加快发展采摘线路，在社员葡萄园设计采摘通道，为游客采摘提供舒适便利的条件，使线下销售也充满生机。开发葡萄红酒和白酒酒类产品、葡萄藤工艺品等，实现葡萄产品的价值增值。发挥民俗文化传播功能，发展旅游模式，利用中国传统节日开展各类农民文体活动，深挖“璜土美”，开发历史资源，弘扬民俗文化，使葡萄种植不单单是农业生产，而赋予了立体的故事，使消费者更愿意为文化内涵买单。通过充分发挥葡萄产业基础和地方特色文化功能，增加了生产经营的附加值，使小农户分享了现代产业融合带来的收益。

第三节　讨论与启示

本章以无锡市故乡情果业专业合作社为例，对合作社规范运作的具体表现和合作社规范运作背后的原因进行了分析和探讨。从本案例研究来看，规范运作的合作社主要表现在内部治理机制的规范、合作社服务功能的完善以及对当地产业集聚和文化内涵的提升。能够形成规范的合作社有以下三个方面的原因：一是取决于合作社人力资本的提升和优化的水平；二是取决于企业化运作和现代管理理念的运用；三是取决当地已有的产业基础和政府支持。总的来说，本章的案例分析可以得到如下三方面的启示。

一是要积极提升合作社人力资本水平。发起人素质较高，合作理念和合作意识高于普通的农户。在合作社形成之初，能够为合作社形成一整套运作机制和规范提供了良好的人力资本基础。同时，合作社需要对新加入的成员和已加入的成员进行相应的考核和人力资本优化，人力资本的提升能够提高决策效率和管理水平，保证了合作社的规范化发展。

二是用先进的管理理念运营合作社。合作社是生产同类产品的农户的联合，但并不意味着合作社是落后的生产经营方式。合作社是介于市场和企业之间的混合形态，因此企业管理中先进的、现代的管理经营理念同样可以用于合作社内部治理和管理之中。本案例中，农民采用了合作社的组织形式，有利于生产者之间的联合；同时又采用了现代化的管理理念，有利于合作社内部公开、透明的运作，提高了合作社的决策效率，促使合作社能够规范化发展。因此，现有合作社在运行过程中，应在保证生产环节独立经营的过程中，充分吸收现代化的管理理念对合作社的销售渠道开拓、产业融合进行创新。

三是合作社在因地制宜地利用已有产业基础的同时，政府也应在硬件和软件建设上给予相应支持。包括合作社产业融合发展用地保障、金融产品供给、保险以及人力资源培训服务等。